圖解行為心理學

面白いほどよくわかる！見ため・口ぐせの心理学

一看就懂的超強識人術！

心理學家助你破解肢體語言與口頭禪的祕密，從交友、戀愛到職場都更受歡迎

日本知名心理學家
澀谷昌三——著

林雯——譯

前言

初次見面時，人與人之間彼此會產生第一印象。以求職面談為例，如果一開始就能讓對方有好印象，應該就過了第一關；如果第一印象很糟，就很難有繼續往下一關進行的機會。因為第一印象左右了後續的發展，在戀愛、交友方面也是如此。

同樣地，要建立良好的人際關係，平時就必須注意「外表」。因為從「外表」可以推測一個人的心理狀態、性格及生活方式等等；人們會從一個人的服裝、隨身物品、氣質來判斷他的特性與脾氣。有句話說「人不可貌相」，確實，我們經常可以看到他人出乎意料的一面。所以，如果我們疏忽了外表，或許我們那令人意外的優點，別人可能也就無從得知了。

「外表」包含態度在內。態度是目中無人、自信滿滿，或是爽快俐落、誠實可靠，都會給人不同的印象。某種程度上，我們也可從對方的態度推測他對自己的想法。

「口頭禪」也會表現出人的性格與心理狀態。口頭禪是無意識掛在嘴邊的話，通常自己不會注意到。但也可以說，正因為是不自覺的，所以其中隱含了深層的心理狀態。

若能理解隱含在「外表」和「口頭禪」中的心理狀態，就能有效運用在溝通上。我們會更知道如何與他人互動，以及該與人保持多少距離。如果本書能對觀察人有些許幫助，那就太好了。

本書能幫助你從另一個角度來檢視自己的外表，並藉此修正自己，帶給他人好印象。而口頭禪幾乎是本人不會注意到的，讀者可以看看自己是否也有本書提到的口頭禪，說不定能發現意想不到的自己。

澀谷昌三

目次
contents

序章 PROLOGUE
第一印象左右對方的心
13～32

第1章

從臉部、表情看穿他人

33～76

第2章 性格也表現在服裝上

第3章 真心話藏在動作與態度中

第4章 口頭禪潛藏的心理

第5章 說謊的心理、謊言表現出的心理

第6章 從男女的外表了解戀愛心理

外表・口頭禪
TOPICS

索引……222

外表・口頭禪
COLUMN

序章

PROLOGUE

第一印象左右對方的心

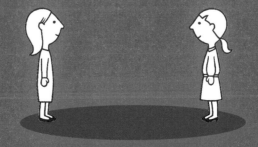

1

第一印象難以抹滅

初次見面的瞬間印象，會影響日後的人際關係

相同的訊息，不同的順序

鳥類會將出生後第一眼看到的移動物體當做母親，對其抱持長久的依戀。這種學習功能稱為「**銘印**」（Imprinting），會在瞬間建立，而且記住一輩子。人類也有同樣的特性，**初次見面時的第一印象，會長期左右後續的人際關係**。

美國心理學家所羅門・艾許*（Solomon Eliot Asch）的實驗證明了這件事。他把受試者分成兩組，把描述某虛構人物性格的形容詞，分別告訴兩組受試者，但是依照不同的順序告知。他告訴第一組受試者，那個人有智慧→勤勉→衝動→愛批評→頑固→嫉妒心強；告訴第二組受試者那個人嫉妒心強→頑固→愛批評→衝動→勤勉→有智慧。如果你仔細看，就會知道他給兩組的資訊完全相同，但順序恰恰相反。

任何事都是第一個最重要

令人驚訝的是，雖然提供的是完全相同的資訊，但兩組所想像的人物性格卻大相逕庭。

第一組先聽到較討喜的性格特徵，對此人的印象是個性好、能力強，但稍有小缺點；第二組先聽到較不討喜的性格特徵，對此人的印象很差。也就是說，一開始聽到好的訊息，雖然後來也聽到不好

***所羅門・艾許**　生於波蘭，研究對他者的印象如何形成的理論，包括初始效應等等；也發展社會心理學理論，以實驗證明從眾（詳見➡第八八頁）心理。

的訊息，仍會抱持好印象；而一開始聽到不好的訊息，雖然後來也聽到好的訊息，仍會抱持壞印象。

從這個實驗的結果可知，**最早進入腦中的訊息會固著為記憶，長久持續下去**。艾許稱此為**初始效應***（Primacy effect）。

第一印象不只是看到本人後得到的印象，還包括與對方見面前的事前資訊；相當於求職的履歷表、相親活動的照片或周遭評價，或做生意時打電話給顧客的對話。因此，要給人好印象，就必須有效突顯最初提供的訊息。

最初訊息的重要性

同樣的人、相同的資訊，但以不同的順序來表達，他人會根據最初接收到的資訊而形成對此人的印象。

如果聽到的是……

「那個人 有智慧 勤勉 衝動 愛批評 頑固 嫉妒心強」

就會對他產生有智慧、勤勉的印象。

如果聽到的是……

「那個人 嫉妒心強 頑固 愛批評 衝動 勤勉 有智慧」

就會對他產生嫉妒心強、頑固的印象。

＊**初始效應**　第一印象（包含與人見面前的傳聞等事前資訊）長久影響後續的判斷，稱為初始效應。相反地，從時間序列位置上較近期的評價來決定印象，則稱為新近效應（Recency Effect）。

2 用第一印象貼標籤

用最初印象為對方貼標籤時，便決定了你是喜歡或討厭對方

第一印象在幾分鐘內形成？

與人初次見面時，第一印象要多久才會形成？有個以大學生為受試者的實驗指出，**只需要五秒，就能在某種程度上判斷出對方是外向或內向、是否有判斷、思考能力以及悲傷或憤怒等負面情緒**。一分鐘後，這些印象又會更加正確。尤其是對外向或內向的印象，初識時與較熟識後，看法並沒有太大差異。

不過，對協調能力與情緒穩定性的印象，可能會因為發生某些與第一印象相左的事件而扭轉。

貼標籤也會決定好惡？

對初次見面的人，我們往往會不自覺地為他貼上「**標籤**」*。例如，如果看到笑容滿面的女性，我們就會覺得她是「溫柔的人」；看到不穩重的男性，我們就會覺得他「怪裡怪氣」。在心理學中，這叫做「**貼標籤**」（Labeling）。

貼標籤對好惡有極大影響。如果貼的標籤是友善的，就是把對方歸於「喜歡」的一類；若貼的標籤是負面的，就是把對方歸於「討厭」的一類。貼標籤行為屬於左頁圖的「相互因素」；也就是說，貼標籤是對方因素與自己因素的相互作用而

＊**標籤**　對他人的斷然評價，通常使用在負面的情況。荷蘭文是「Letter」（價格標籤之意），英文則是「Label」。

產生。

對方也會接收到貼標籤者的心情，有時會因為**自我應驗預言**（Self-fulfilling Prophecy，詳見⬇第二二頁）的作用，變得跟他人所貼的標籤一樣。

例如，周遭的人幫某人貼上「沒幹勁」的標籤，被貼標籤者本人也會漸漸這麼認為，最後就真的變成沒幹勁的人了。

好惡產生的主要原因

好惡的產生，主要有四個原因。貼標籤屬於相互因素。

原因1 ▶▶▶ 對方因素

對自己而言，對方是否有魅力，包括身體與性格都是評斷因素。

原因2 ▶▶▶ 自己因素

對他人是否持有好感，是由自己的狀態與性格所影響。

原因3 ▶▶▶ 相互因素

對想法相似，或擁有自己不足之處的人抱持好感。利害關係也會影響好惡。

原因4 相互作用因素

因兩人的相互作用而產生好感。例如見面次數增加（單純曝光效應，Mere Exposure Effect。譯注：人會單純因為自己熟悉某個事物而產生好感）、被對方稱讚等等。

3 人都是以貌取人？

語言訊息、聽覺訊息、視覺訊息互相矛盾時，以視覺訊息優先

外表占九成？

竹內一郎*於二〇〇五年出版《你的成敗，90%由外表決定》，銷售超過一百萬本，二〇一三年又出版續集《你的成敗，果然90%由外表決定》（《やっぱり見た目が9割》）。自小長輩就教導我們「不可以貌取人」、「內在比外表重要」；因此這樣的書名顛覆了常識，帶來極大衝擊。

實際上，**人會從外表判斷事情**，是心理學界早已知道的事實，此事實藉由竹內一郎的書而廣為人知，而美國心理學家亞伯特・麥拉賓（Albert Mehrabian）的實驗證明了這個事實。

非語言的部分果然占九成

麥拉賓的實驗目的，是想知道**當語言訊息、聽覺訊息、視覺訊息互相矛盾時，人會先接受哪種訊息？**實驗方法是①準備表現「好感」、「反感」、「中立」的臉部表情照片（視覺訊息）；②選出一般人表示「好感」、「反感」、「中立」的詞彙，每種各三個（語言訊息）；③將這九個詞彙分別用好感、反感、中立三種語氣錄音（聽覺訊息），然後把①②③用矛盾的方式組合（譯注：例如用「反感」的語詞＋「好感」的語氣），再問受試者有何印象。

結果顯示，受試者判斷訊息是表示好感、反感

＊竹內一郎　日本國立橫濱大學教育學院心理系畢業後，進入戲劇的世界，寫劇本，也參加演出。筆名是「Sai huumei」。身兼漫畫家、博奕評論家、劇作家等多種角色，相當活躍。

或中立的影響因素中，語言占百分之七，聲音占百分之三十八，表情占百分之五十五。也就是說，比起語言訊息，訊息接收者受聲音等聽覺訊息、表情等視覺訊息的影響較大。

溝通雖可分為**語言**與**非語言**兩種，但語言與非語言要素發生矛盾時，比起語言，人會比較相信聲音與表情。這稱為**麥拉賓法則***（Rule of Mehrabian），從比例來看，又叫做「**7-38-55法則**」。話的內容相同，但傳達力因人而異，就是因為聲音、表情等非語言訊息不同所致。

表情、聲音、語言都很重要

依據麥拉賓法則，溝通時，表情常被認為是最重要的要素，但基本上每一項要素都非常重要。

麥拉賓法則

當視覺訊息、聽覺訊息、語言訊息有所矛盾時，人會先接受哪種訊息的法則。

〈例〉邊笑邊罵

先接收到對方笑的表情，並未認真接受斥責的資訊。

以不服氣的表情稱讚對方，
無法讓人感覺到被讚美。

對他人的說話方式

面無表情無法傳達訊息	語氣平板照本宣科無法傳達訊息	使用可傳達內容的話
↓	↓	↓
表情要豐富一點，並穿插動作	語調要有抑揚頓挫，或是聲調提高，注入感情	不要用令人誤解的話語

↓

溝通時

表情　**聲音**　**語言**

都很重要

***麥拉賓法則**　溝通的三個要素——語言、聽覺、視覺的各種訊息有所矛盾時，訊息接收者的接受程度是視覺訊息＞聽覺訊息＞語言訊息。

4

外表塑造第一印象

外表是最大的資訊來源，眼睛說出你的心

蒐集資訊從外表開始

與人初次見面時，自然而然地，我們會為了想知道對方是什麼樣的人，而盡量設法得到更多資訊。但內心世界無法快速理解，只好由外表來觀察，因為**外表是最大的資訊來源**。雙方在面帶笑容、互打招呼、自我介紹的同時，也在對方察覺不到的情況下五感總動員。如果不打算錯過任何訊息，就會從體型、服裝、臉部、髮型、聲調、說話方式、姿勢、動作等觀察對方的性格，以知道該如何與對方應對。

打完招呼，進入談話，就開始了蒐集資訊的第二階段。此時**語言溝通**（Verbal Communication）雖然開始了，但臉部表情、視線、動作、手勢等**非語言溝通***（Nonverbal Communication）的重要性並未降低；而是兩者互補，進行綜合的溝通。

從眼睛探察心情

美國心理學家麥可・阿蓋爾（Michael Argyle）曾做過實驗，觀察初次見面的兩人對話時，彼此視線落在何處。受試者分成三組，分別為兩名男性、兩名女性，以及一男一女。兩人座位相隔兩公尺，自由對話；阿蓋爾從旁觀察兩人交談時，視線落在對方身上何處。結果顯示，無論哪一組，**交談時，**

↘音音調、聲音變化與說話頻率等）、空間使用方式（Proxemics）、利用人工物品（Artifacts）、環境因素（Environmental Factors）七種。

有一半以上時間都是注視對方的眼睛，時間比例達六一%；聽對方說話時，注視對方眼睛的時間比例更高達七○%以上。

表情是非語言溝通的重要要素，與情緒密切相關，而眼睛決定了表情。**正如「眼睛是靈魂之窗」這句話，由眼睛訴說心情是最具說服力的**。因此，我們會想透過對方的眼睛一探他的心理與情緒，「眉目傳情」就是這個道理（詳見⬇第四六頁）。

眼睛的訊息傳達力

眼睛有傳達訊息的能力。觀察對方的眼睛，就能推測他的心理與健康狀態，眼神接觸（Eye Contact，詳見➡第四八頁）則是溝通的基礎。

眼睛的狀態

緊張時

➡頻頻眨眼

感興趣時

➡瞳孔放大

疲勞時

➡眼皮感到沉重，可能會變成兩層

眼神接觸

與對方距離較遠時

➡眼神接觸增加。因為視線若不交會，就不知道在跟誰說話。

與對方距離較近時

➡眼神接觸減少。因為視線交會太多，感覺似乎太親密，會讓彼此退縮。

＊**非語言溝通**　包括動作、表情、體型、容貌、膚色、氣味、接觸行為、個人空間等。美國心理學家奈普（Mark L. Knapp）將非語言溝通分為身體動作（Body Motion or Kinesic Behavior）、身體特徵（Physical Characteristics）、接觸行為（Touching Behavior）、擬似語言（Paralanguage，譯注：強調說話方式、聲↗

5 第一印象準確無比

對方被誘導，使自己的預測（第一印象）成真

什麼是「識人之明」？

你會暗暗覺得自己有識人之明嗎？你曾經由外表等視覺資訊，就看穿初識者是哪種人；開始互動後，就覺得「他果然是我所想的那種人」，於是認為自己看人的眼光很準嗎？

例如，某個初識者看起來乾乾淨淨，笑容爽朗，給人真誠的印象。於是之後相處時，他真誠的特質也特別引起你的注意，強化了「他果然如第一印象般真誠」的想法。於是，你把他當做真誠的人，誠懇地對待他，言行都很周到。

受人以禮相待之後，應該沒有人會用粗魯的態度回應。為回報他人的善意，這個人也會真誠待人。雙方持續這樣的交互作用，又讓你加強了「對方是誠實可靠的人」的想法。於是，你認為第一印象果然是對的，更確信自己有識人之明。

預期引導現實

在心理學中，這種機制叫做**「自我應驗預言」**＊（Self-fulfilling Prophecy）。人從外表等視覺資訊決定對他人的第一印象，**然後不自覺地依據第一印象的「人際知覺」**＊（Interpersonal Perception），與對方互動。也就是說，因為在不知不覺中，採取會使自己的預期實現之言行，所以也實際帶來如

＊**自我應驗預言**　確立對他人的第一印象後，即依據該印象建立人際關係，對方也以同樣的言行回應，自己的預期便逐漸實現。

自己所預期的結果。

這告訴我們，無論在工作或私人生活，建立良好的人際關係需要什麼。**人際關係要順利，第一次見面就要給人好印象，並引導對方做出你所期待的回應。**因此，要記得隨時注意自己的外表，

保持令人感覺神清氣爽的服裝、髮型、姿勢與笑容，增加自己外在的吸引力。

有識人之明

你對對方的第一印象形成時，對方也採取符合你的印象的言行，所以你覺得「自己很有識人之明」。

1 第一印象感覺對方很真誠。

2 對於真誠的人，自己也真誠地對待。

3 看了你的回應，對方也覺得自己是個真誠的人。

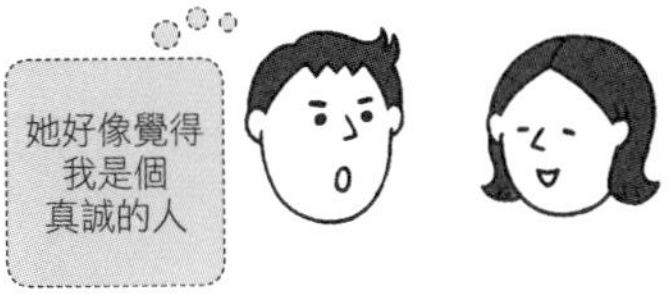

4 對方也真心誠意地對待你。

5 覺得對方果然符合真誠的第一印象。

＊**人際知覺**　由他人的容貌、行為、傳聞等主觀推測他的內在。人際知覺有時會因初始效應（詳見➡第一五頁）、偏見（Prejudice，詳見➡第八六頁）、月暈效應（Halo Effect，詳見➡第二五頁）等而扭曲。

6 性格與成功都是由外表決定？

俊男美女果然占便宜？外貌帶來月暈效應

俊男美女得天獨厚？

有句話說，「上天是公平的，世上沒有十全十美的人」*。大家都說紅顏薄命，俊男無錢又無勢。但現實中，我們常看見俊男美女比較占便宜。到底哪種說法才是對的呢？關於容貌、身材等外在魅力對他人的影響，心理學做過各式各樣的實驗。

加拿大女心理學家凱倫・狄翁（Karen Dion）的實驗證明，**一般認為臉型勻稱、有吸引力的人，不但擁有好性格，在社會上也較為成功。**

這個實驗中，她給受試學生看三種不同的照片（照片中人的外貌吸引力分別為高、中等、低），然後讓受試者推測照片中各人的性格、幸福程度、結婚的可能性、在社會上是否成功。結果受試者推斷，外貌吸引力高的人除了在為人父母的適應能力、是否適合結婚較差外，其他方面都占優勢；也就是職業地位高、婚姻美滿、整體的幸福程度高。雖然沒有十全十美的人，但大家都覺得外表好看的人擁有一切。

外表可靠努力改善

狄翁的另一個實驗顯示，比起長相較不可愛的小孩，大家較為容許可愛小孩的淘氣行為；大家也認為，長得可愛的小孩比較不會反覆惡作劇。

＊上天是公平的，世上沒有十全十美的人　上天不會給一個人好幾種能力或優點。一般人會說美女個性差來自我安慰，這句話常在這種時候派上用場。

也有研究顯示，選舉時，外型佳的候選人得票率較高。更有甚者，大家都認為容貌出色的學生無論成績、個性都比較好。法律系學生在模擬法庭扮演法官角色時，給美貌被告的刑期，只有容貌較差被告的一半。

如上所述，許多心理學實驗顯示**俊男美女比較有利。這可能是因容貌產生月暈效應*，讓人把長得好看當做人品好、能力強。**不過，請大家記得，月暈效應不一定只發生在容貌上；服裝儀容、姿勢、笑容等也可提高月暈效應。

俊男美女較占便宜？

狄翁的實驗顯示，一般認為外表有魅力的人，除了為人父母的適應能力外，許多方面都占有優勢；而會覺得他們難以適應父母角色，應該是因為認為相對於育兒，他們會更重視五光十色的社交生活。

外表與性格、幸福程度的推測

（外貌吸引力程度）

	高	中等	低
擁有好性格	65.39	62.42	56.31
職業地位	2.25	2.02	1.7
結婚適合度	3.54	4.55	3.91
為人父母的適應能力	3.54	4.55	3.91
社會與職業的幸福程度	6.37	6.34	5.28
整體幸福程度	11.6	11.6	8.83
結婚的可能性	2.17	1.82	1.52

長得漂亮，
看起來很愛玩，
應該不會把心思
放在小孩身上

＊月暈效應　Halo Effect，利用一般人對頭銜、身分的印象，讓自己看起來比實際上優秀可靠。又稱光圈效應、光環效應等。「暈圈」（Halo）就是「背光照射」時的「光環」。

7 因對方的外表而自信動搖

跟他人比較，容易影響自我評價

搖擺不定的自我評價

在團體面試會場，自認外表不如其他面試者時，往往會變得畏畏縮縮，喪失自信。

心理學將自己對自己的評價稱為**自我評價***（Self-Evaluation），**但自我評價很容易因他人的外表而改變**；因為自我評價要經過自我觀察、與他人比較、他人評價這三個因素的交互作用，才能夠確立。美國心理學家史丹利・摩斯（Stanley J. Morse）與肯尼斯・格根（Kenneth J. Gergen）做過實驗，研究在初次見面的場合，他人的外表如何影響自我評價，結果顯示自我評價會因為與他人比較而改變。

人會受他人外表所欺騙

這個實驗是將七十八名男大學生分別安排於兩個房間，填寫有關自我評價的問卷。這些學生寫完時，又有一個男生走進來，實驗者發給他相同的問卷，讓他填寫。那個男生其實是實驗助理；第一個房間的助理穿著深色西裝，手提公事包，專心回答問卷；第二個房間的助理則穿著皺巴巴的襯衫與褲子，漫不經心地作答。

不久，實驗者要學生再度填寫自我評價的問卷，這份問卷其實跟上一份相同。不過，貌似優等生

***自我評價**　自己對自己的評價。與自我評價相近的概念還有自信、自尊心、自我肯定感等。別人對自己的評價則稱為他人評價（Other-Evaluation）。兩者都容易因為與他人比較而改變。

的男生所進入的房間，受試者的自我評價變低了；而貌似劣等生的男生所進入的房間，受試者的自我評價變高了。這是因為第一個房間的學生與貌似優等生者比較後，自嘆不如；而第二個房間的學生與貌似劣等生者比較後，提高了自信。

由此可見，**他人的外表對自我評價有很大的影響**。在考試、面試等重要場合，不僅要鍛鍊自己的內在與能力，運用外表的力量為自己帶來自信，也是非常重要的事。

社會比較理論

人身處某個團體，還不知道自己的位置時，會將自己的想法、能力、年齡、外貌等與他人比較，以確認自己的位置。心理學家費斯廷格（Leon Festinger）把這樣的心理稱為社會比較理論（Social Comparison Theory）。

摩斯與格根的實驗

・樣貌符合社會期待的男性與自己比較

自我評價降低

・樣貌不符社會期待的男性與自己比較

自我評價提高

8

會吸引異性的外表

男性重視女性的外表，女性重視男性的財力、地位

男女都喜歡好看的外表

外表給人的**第一印象**會左右日後的人際關係，無論是求學時或在職場，各種情況下皆如此，戀愛、結婚也不例外。許多心理學實驗證明了**人在選擇對象時相當重視外表**，例如美國心理學家伊蓮・沃爾斯特＊（Elaine Walster）等所做的電腦配對實驗。

這個實驗以電腦能找出理想舞伴為名目，舉辦大型舞會。參加者先回答有關自己性格的問題，再由電腦為他們找出理想舞伴；但實際配對時，並未參考跟個性有關的答案，而是隨機配對。不過，研究者對參加者說，對方是電腦選出、個性格相合的理想舞伴。舞會結束後，研究者問參加者對舞伴是否有好感，結果，無論男女都喜歡外表有魅力的人，而非性格好的人。

對外表的重視，男女有別

另一個實驗顯示，選擇伴侶時，男女對外表所重視的要素不同。

這個實驗讓男性受試者從兩位女性中做選擇。一位相貌平凡，但穿著名牌服飾；另一位容貌美麗、姿態優雅，但穿著漢堡店制服。

另外，也讓女性受試者從兩位男性中做選擇。

＊伊蓮・沃爾斯特　《人際吸引力的心理學》（Interpersonal Attraction）的作者，人際吸引力指對他者的好惡情緒。根據心理學研究，外表、親近感、相似性、對人的回報等，都是人際吸引力的要素。

一位長相帥氣，但穿著漢堡店制服；另一位不帥，但穿名牌西裝、戴高級手錶。結果，男性受試者選擇了擁有身體魅力的漢堡店女店員，女性受試者選擇了穿著名牌西裝，象徵財力雄厚的男性。

這兩個實驗的結果顯示，**雖然男女選擇伴侶時都重視外表，但男性是為女性的身體魅力而著迷，女性則是受男性的地位、財力所吸引。**

男性看容貌・女性看財力

選擇伴侶時，男女都重視外表，但重視的內容，男女有別：男性重視女性的身體魅力，女性則重視男性的地位與財力。

男性

男性選擇穿著漢堡店制服的美女，不選名媛千金風格、相貌平凡的女性。

女性

女性選擇不帥但穿著體面的男性，不選穿漢堡店制服的帥哥。

9

展現最佳的第一印象

服裝是最強的訊息。想以實力決勝負，要先從外表開始

為成功而打扮

英國史上第一位女首相，對國際政治影響極大的柴契爾夫人*（Margaret Hilda Thatcher），她的傳記電影《鐵娘子：堅固柔情》（The Iron Lady）中，有一段描寫她登上成功舞台前的幕後軼事：競選保守黨黨魁時，她為了選舉，依照造型師的指示化妝，打理髮型、服裝，並學習發音與演講技巧。

這段軼事告訴我們，**要在英國的社會獲得成功，修飾服裝儀容、訓練說話方式是很重要的**。聽說在歐美，不只政治家等菁英階層，連家庭主婦等一般人也會向形象顧問諮詢。參加求職或相親活動就不用說了，連職位晉升、日常營業時也要做形象諮詢；**因為即使要以實力決勝負，還是必須先通過外表這一關**。

用服裝改變印象

滋賀大學教授神山進認為，人類穿衣服有兩個目的，一個是「身體與生理方面的目的，即維持生命與增進生理的健康」；另一個是「社會、心理方面的目的，即在人際關係中表現自己，適應環境與社會」。心理學的研究領域是後者。有實驗顯示，**服裝有彌補身體魅力、改變他人印象的**

***瑪格麗特・柴契爾**　一九二五～二〇一三。英國保守黨第一個女黨魁，也是英國第一個女首相。因保守、強硬的作風而得到「鐵娘子」（Iron Lady）的稱號。

服裝所傳達的六個訊息

滋賀大學教授神山進認為服裝傳達了六個訊息。也就是說，我們每天都藉由打扮，發出各式各樣的訊息。

1 身分認同的訊息

傳達性別、職業、地位、社會團體等關於自我認同（Identity，詳見➡第一九三頁）與社會認同的訊息。

2 人格的訊息

女性如果認為自己比較像女人，就會穿有女人味的服裝；若想強調自己的男子氣概，就會穿男孩風的服裝，藉此傳達自己的人格特質。

3 社會態度的訊息

同是公司職員，營業部門的人會穿西裝，企畫部門的人會穿得比較輕鬆自在，技術部門的人會穿工作服，傳達不同的社會態度。

4 感情與情緒的訊息

人會用衣服的形式與顏色來表達自己的感情，如婚禮上穿帶有祝福意味的禮服，參加告別式時則穿表示哀悼之意的喪服。

5 價值的訊息

年輕女性選擇可突顯身材的衣服，熟齡女性選擇可遮蔽身材的衣服；服裝傳達了年齡、健康、性魅力等自我的價值。

6 情境意義的訊息

例如在求職時穿西裝，相親時精心打扮，服裝傳達了自己所處情境的意義。

效果。

這個實驗的步驟如下：①首先給受試者看十張男大生的臉部照片，讓他們依帥氣程度排名；②給受試者看十張各式服裝照片，讓他們依適合大學生的程度排名；③給受試者看帥氣的學生穿不適合大學生的衣服，不帥的學生穿適合大學生的衣服的照片，再讓他們依帥氣程度排名。

結果，穿不適合大學生衣服的帥氣學生評價下降，穿適合大學生衣服的不帥學生評價上升。這證明符合社會期待的服裝，可彌補身體魅力的不足；而不符社會期待的服裝，則會降低身體的魅力。

積極展現好印象

我們會依據不同的時間、場合、狀況及所見的人，改變化妝方式、髮型與服裝等外貌狀態。**這是因為我們希望對方依自己期待的方式來看待自己，所以操縱自己的印象**。在心理學中，這稱為**印象管理**（Impression Management，詳見⬇第二一七頁），也叫做**自我呈現***（Self-presentation）。

美國有一個民間團體，運用印象管理的心理，幫助經濟弱勢的女性求職成功。這個團體提供可增加魅力的套裝給求職的女性，並傳授髮型梳理與求職必勝的方法。因印象管理奏效而成功就職的女性，會變得更有自信，也更有升職的意願。

無論有多優秀的「內在」，若忽略了大大影響第一印象的「外在」，可能就會吃虧。無論在工作或私人場合，**為了在最初見面時帶給對方好印象，在人際關係中跨出正確的第一步，希望大家都能視場合，積極展現能突顯自我特質的「外在形象」**。

***自我呈現**　藉由言行操作印象管理，使對方對自己產生某種感情與評價，這些言行簡稱自我呈現。英文寫做Self-presentation。

第1章

從臉部、表情看穿他人

1 溝通從臉開始

臉是全身上下唯一赤裸裸的地方，所以要從臉部理解情緒

「臉」上充滿了訊息

當然，每種動物都有臉。從嘴巴吃進食物，用鼻子聞到食物的存在，用眼睛保護我們避免外界的危險，用耳朵廣泛捕捉外界的聲音。

人類因為穿衣服的關係，身體大部分都被遮住了。雖然有時會露出手、腳肌膚，但也可以用手套、褲襪、長褲遮住。**唯一無法遮掩的就是「臉」**，如果遮住臉，會對日常生活造成許多障礙。也就是說，我們的「臉」赤裸裸地暴露在外。

無法掩藏的臉，**對溝通十分重要。臉部表情充滿了各式各樣的訊息**，也可說是理所當然的。

表情是世界的共通語言

眾所周知，演化論提倡者查爾斯・達爾文*（Charles Robert Darwin）首先提出，**表情是由演化而來**。例如，人類與動物憤怒的時候，都會豎眉瞪眼、露出牙齒，這是為了攻擊而做出的適應行為（Adaptive Behavior）；驚訝時都會雙眼圓睜，則是為了看清楚對象而做出的適應行為。

根據美國精神醫學家保羅・艾克曼*（Paul Ekman）與華勒士・弗里森（Wallace Friesen）在巴布亞紐幾內亞的部族、婆羅洲、美國、巴西、日本等地的研究，**無論任何國家與文化，喜怒哀**

＊達爾文　一八〇九～一八八二年。英國的自然科學家。曾登上英國海軍測量船「小獵犬號」（The Beagle）環繞地球，這次的航行曾停留在加拉巴歌群島（Galápagos Islands）。

做出臉部表情的三個部位

做出臉部表情的部位大約有三個，用各個要素的變化組合起來，就能表現各式各樣的情緒。

眉毛、額頭

- 眉頭一皺
- 眉毛上揚
- 眉峰深鎖
- 眉毛下垂　等等

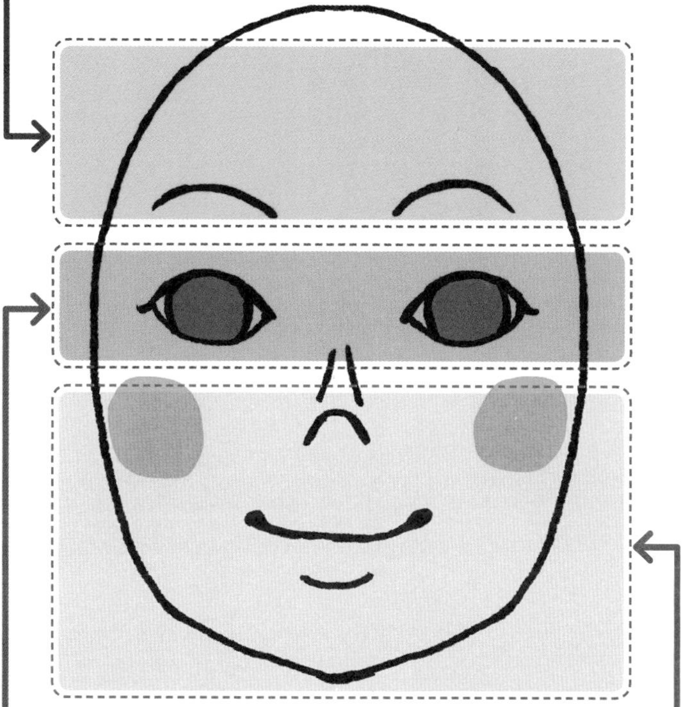

眼睛、眼瞼（山根以上部位）

- 睜大眼睛
- 瞇眼
- 撐開眼瞼
- 垂下眼瞼　等等

臉頰、口、人中、下巴

- 臉頰上揚
- 嘴角下垂
- 嘟嘴
- 下巴掉下來
- 嘴唇緊繃、嘴角上揚
- 鼻孔張大　等等

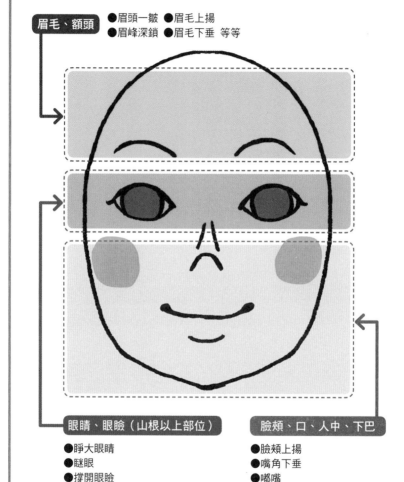

樂的表情都能用相同方式解讀；他們還把基本情緒編列成「**臉部動作編碼系統**」（FACS＝Facial Action Coding System）。

人有六種基本情緒

人的臉部有許多表情肌，表情肌的收縮與放鬆，可產生無數表情。我們表達情緒的表情，主要由三個部位製造：

①**眉毛、額頭**：眉頭一皺、眉毛上揚、眉毛下垂、眉峰深鎖等。

②**眼睛、眼瞼（山根以上部位）**：睜大眼睛、瞇眼、撐開眼瞼、垂下眼瞼等。

③**臉的下半部（臉頰、口、人中、下巴）**：嘴角下垂、嘟嘴、下巴掉下來、嘴角上揚、嘴唇緊繃、臉頰上揚、鼻孔張大等。

把這三個要素的變化組合起來，就能產生各式各樣的表情（詳見⬇左頁圖）

艾克曼認為人有**六種基本情緒**：①**幸福**、②**驚訝**、③**恐懼**、④**嫌惡**、⑤**憤怒**、⑥**悲傷**。這些基本情緒會各自產生獨特的表情，只要觀察表情，就很容易判斷出他人的情緒。

有句話說「**臉是心靈之窗**」，**表情時時隨著內心的狀態而變化。光是看臉，就可知道一個人的內心與精神狀態，甚至健康狀態**。照鏡子時，也能確認自己當天的狀況與精神狀態。

＊**艾克曼**　入選二十世紀百大最傑出的心理學家。他研發的臉部動作編碼系統被廣泛運用在精神醫學與犯罪偵查上。是美國電視劇《謊言終結者》（Lie to Me）主角的原型。

表情肌所製造的情緒

表情研究者艾克曼認為人的表情是世界共通的，他把可由表情解讀的情緒分成六種，每種情緒的表情肌動作都不一樣。

1 幸福

臉頰上揚、嘴唇上端上揚並往後拉，有時嘴會張開。外眼角朝下。

2 驚訝

眉毛上揚、眼睛睜大、下巴往下掉。

3 恐懼

雙眉上揚並同時靠近。上眼瞼撐開，下眼瞼緊縮。

4 嫌惡

上唇上揚、皺鼻、下眼瞼往上推。

5 憤怒

眉間形成兩道直紋，鼻孔張大、嘴唇緊閉或突出。

6 悲傷

嘴角下垂、視線微微向下

2 真正的心情顯示在左臉

印象與情緒由右腦負責，所以真實感情容易出現在左臉

左臉真心，右臉撐場面

人類的臉並不是以鼻子為中心左右對稱。只要照鏡子確認一下，就可知道左右臉有微妙的差異；同樣地，**表情也並非左右對稱**。

對這個主題，心理學家薩克姆（Harold A. Sackeim）與古爾（Ruben C. Gur）做過實驗。首先，讓受試者表現出六種基本表情中的五種（驚訝、恐懼、嫌惡、憤怒、悲傷），並拍下照片。接著將照片從鼻梁正中央分為兩邊，將每張半邊臉的照片做成鏡像合成照片。完成的照片有三種表情：①原本的表情，②右臉照片合成的表情，③左臉照片合成的表情。

比較這三種照片後，結果顯示，強烈表現出五種基本表情的是③左臉照片合成的表情。也就是說，內心狀態比較容易從左臉的表情表現出來。據此認為，**左臉表現真實感情，右臉則是撐場面的表情**。

之所以會如此，與右腦負責印象與情緒，左腦掌管語言與邏輯思考有關。**腦部與身體的關係，因錐體交叉***（Pyramidal Decussation）**而左右相反，所以情緒在左臉的表現比較強烈**。如果你覺得很難了解對方真正的想法，或許可以仔細觀察對方的左臉。

***錐體交叉**　運動神經由大腦皮質（Cerebral Cortex）開始，經內囊→中腦→橋腦，直到延腦，其中有百分之八十是由相反方向交叉。這個神經通路稱為錐體路徑（Pyramidal Tract）。

情緒強烈表現在左臉

一般認為右腦跟情緒有關。有實驗指出，左臉較容易顯示感情；也有實驗報告指出，人在問心有愧時，會不自覺地想隱藏左臉。

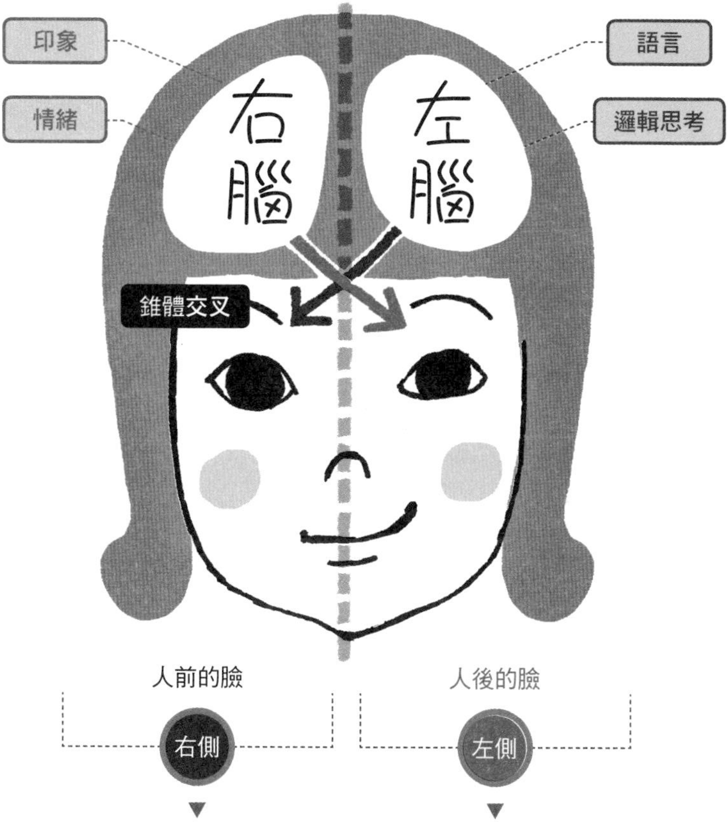

撐場面的表情

身體的右半部由左腦控制，形成人前的臉（面對社會的臉）。

顯現真心

再怎麼刻意做出表情，左臉還是比右臉更強烈顯示出情緒。

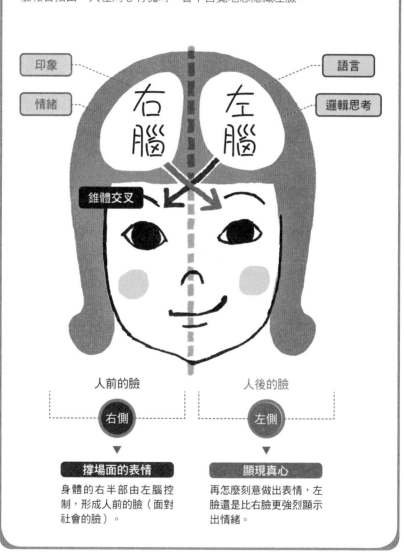

3 想與人親近，所以展現笑容

笑容產生親切感，是重要的溝通手段

笑容能增加親切感與親密感

在表情這項溝通工具中，笑容對人際關係的順利應該是最重要的吧！笑臉迎人的人，會讓人覺得很有親切感；就算不是美女，但笑容可掬的女性很受歡迎。因為笑容能讓彼此產生並加強親切感、親密感*（Intimacy）、善意及魅力。

有時，笑容在想見的人出現時才會浮現。人在獨處時幾乎不會笑，比如說，一個人在保齡球場打球，就算球瓶全倒也不會開心地笑；但如果是和朋友一起，不管是打出全倒還是洗溝，都會露出笑臉。

笑容總是有人在身旁時才會浮現。當然，也有人會在獨處時，因為想到某事而露出詭異的笑容，但這會令旁人感到不太舒服。

經常笑臉迎人的人，有比較強烈的親和需求（Need for Affiliation，詳見➡第八二頁）；也就是很想跟人在一起、與人交心。正因如此，他們可以坦率地讓人看見自己的笑臉。這樣的人可說是從容自在、有包容力的人。

不笑的人競爭心強

另一方面，也有人平常就幾乎不笑。就像看到他人哭泣，自己也會跟著一起哭一樣，**情緒在人**

****親密感** 心理學家艾瑞克森（Erik Homburger Erikson）的心理社會發展論（Psychosocial Developmental Theory）認為，成人期是發展親密感的時期。人們在這個時期就業、工作、戀愛，透過現實生活找到所愛的重要他者。

與人之間是有感染力的；笑容也不例外，常笑的人，周圍也會充滿笑容，不笑的人周圍則瀰漫緊張的氣氛。依據心理學的解釋，**很少笑的人競爭心強，常處於緊張中**。

笑容隨著年齡遞減？

笑容的多寡也有世代差異。的確，**人在年輕時比較常笑，隨著年齡增長，笑容好像愈來愈少**。有調查報告指出，小學生平均一天笑三百次，七十多歲的人一天平均只笑兩次。

笑容隨年齡而遞減，應該跟壓力有關。就業、結婚、育兒、自己的健康問題、照顧父母親等，年紀愈大，面對各種問題的機會愈多。也有理論指出，笑與腦部功能有關，醫學上已證明**笑可以提高免疫力**。可以說，無論對溝通或健康而言，笑容都是不可或缺的。正所謂「家門歡笑多，幸福自然來」。

外表TOPICS

幽默與歡笑產生活下去的力量

二〇一〇年，智利的聖荷西礦坑（Mina San José）塌陷，十七天中與外界完全失去聯絡。全世界都非常關心這三十三名礦工的救援作業。

礦工被困在地下七百公尺的避難處。救難人員在確認他們的生死時，礦工所發出的第一聲，並非慘叫哀鳴，反而是非常冷靜的語氣，彷彿與在地面上無異。這令全世界的人都驚訝不已。

他們平安歸來時，礦工領隊表示，在艱難的環境中能存活下來，是因為「持續抱著希望與樂觀，也沒失去幽默感」。可以說，幽默與團隊的笑容給了他們希望與生存的力量。

4 從笑的方式看出性格

有人大聲笑，有人小聲笑——人用笑表現個性

大聲笑的人愛出風頭

每個人笑的方式都不一樣。有人會笑出聲音，有人只是默默微笑。可以說，笑的方式展現了人的個性。

笑聲洪亮的人通常有話直說、愛出風頭，可以說屬於自我主張強、不會察言觀色的類型。**小聲呵呵笑的人不太好意思自我揭露**，想讓自己看起來酷一點。**笑時不出聲或嘿嘿笑的人**，**性格比較消極**，可以說屬於不愛自我揭露的類型，也可說**從眾性**（Conformity，詳見⬇第一四〇頁）較高。

據說女性比男性愛笑，「**井戶端會議**」*也是充滿歡笑的場合。處於這種場合的女性，笑的方式有三種特徵。第一是**笑時頭往後仰；這類型的人喜歡與他人坦誠相見**，不拘小節，跟任何人都能和睦相處。

第二是**掩嘴或掩面笑；這種人通常希望別人認為他高尚、優雅、可愛**。貌似害羞緬靦，但也有虛榮的一面。第三是**邊說邊笑**；因為每次說話都在笑，講話經常**中斷**。這是因為**沒自信**，所以在空檔插入笑聲，暗中觀察周遭的反應。

＊**井戶端會議**　江戶時代大雜院的女人聚集在共用的水井旁，聊天或講八卦。在現代，單純女生的聚會也被稱為井戶端會議。

從笑的方式看出性格

笑的方式能表現出個性，也可從笑的方式推測對方當時的心情。

大聲笑

愛出風頭、自我主張強、不會察言觀色。

小聲呵呵笑

不太好意思自我揭露、想讓自己看起來酷一點。有時看起來像是瞧不起人。

笑時不出聲

嘿嘿笑的人也是這種類型。性格消極，不愛自我揭露，從眾性強。對戀愛的態度也是消極的「草食系」。

笑時頭往後仰

會與他人坦誠相見，不拘小節，跟任何人都能和睦相處。

掩嘴笑

希望自己在他人眼中是高尚、優雅、可愛的。看起來害羞靦覥，但也有愛慕虛榮的一面。

邊說邊笑

因為每次說話都在笑，講話經常中斷。因為沒自信，所以在空檔插入笑聲，暗中觀察周遭的反應。

5 假笑讓自己與周遭的人快樂

假笑讓人印象不佳，但也要視情況而定

就算不快樂，但笑了就會讓心情愉快起來

笑容有時是自然浮現，有時是刻意裝出來的。有人會為了討好他人，而露出違反本心的**諂笑**。也有人會在**悲傷時勉強擠出笑容**。**這樣的假笑，是欺騙對方、隱藏自己感情的道具**。美國心理學家湯姆金斯（Silvan Tomkins）提出**臉部回饋假說***（Facial Feedback Hypothesis），認為就算不快樂，但只要做出笑臉，心情就會漸漸愉快起來。

美國心理學家斯特勞克（Fritz Strack）的實驗證實了這個主張。這個實驗把受試者分成兩組，讓第一組受試者用嘴橫向咬住鋼筆，讓第二組受試者噘著嘴含住鋼筆，然後讓兩組人看同一本漫畫。結果，第一組人覺得漫畫有趣的比例較高。

第一組咬鋼筆的方式類似笑臉，也就是說，即使本人沒意識到，但因為顴大肌（Zygomatic Major Muscle）收縮，形成了「笑」的表情，使腦部也產生了愉快的情緒。而第二組沒有表情，所以腦部並未產生愉快情緒。由此可知，**假笑也能使人變得快樂**。

假笑時眼睛不會笑

不過，比起發自內心的笑，假笑就顯得不自然。

刻意裝出笑容時，雖然嘴角會上揚，但不至於注意到眼睛該做什麼，而真心的笑容會加上眼睛的表情。因此，敏銳的人發現對方「**眼睛沒笑**」時，就會識破對方只是「假笑」。

而且，**假笑有時很難持久**。如果笑是出於本心，不知不覺中，不只眼睛，全身上下都會表現出喜悅。而假笑時注意力都集中在嘴的周圍，隨著時間的經過，嘴角無法一直維持在伸展的狀態，就會讓對方感覺到「笑容假假的」，或有點「僵硬」。

外表 TOPICS

笑容的訓練正盛行

醫學已證明笑可以提高免疫力（詳見➡第四一頁），醫療機構與民間業者也漸漸開始有笑容的訓練課程。

在某些行業，保持笑容占了工作的一大部分。一般認為，百貨公司、餐廳等服務業，以笑臉待客是最重要的事，這種勞動型態稱為情緒勞動（Emotional Labor）。情緒勞動者也需要對著鏡子，用嘴夾筷子練習笑，這種訓練是為了找出適合自己的笑容。

順道一提，依據學習理論（Learning Theories），笑容有「獎勵」的意思。父母或老師笑著讚美孩子：「做得很好耶！」孩子就會因得到讚賞而喜悅。也就是說，父母或老師的笑臉是對小孩的獎勵。這種學習型態稱為操作制約（Operant Conditioning）：因某個行動的結果造成環境的某種變化，因而學習到某種行為模式。

***臉部回饋假說**　達爾文也有類似的說法：「情緒的自由表現，會放大該情緒；而盡量抑制情緒的表露，就能緩和該情緒」。愛倫坡（Edgar Allan Poe）的短篇小說中也有這樣的對白：「不知道那個人在想什麼的時候，我就會盡量做出跟他一模一樣的表情。」

6

眼睛是訊息的入口

跟沒有目光接觸的人談話並非易事，因為很難獲取對方的訊息

人是在看著對方的眼睛時，獲取對方的訊息

前一節提到「嘴角在笑，但眼睛沒笑」；這種情況下，人會比較注意眼睛的表情，而非嘴角的表情。

與人第一次見面、打量對方時，通常是先看整張臉；但**說話時，應該都是看著對方的眼睛吧！**

可以說，**我們用自己的眼睛獲取對方的相關資訊（表情、印象、服裝、手勢、姿態等），針對這些資訊做出某些判斷，再給予對方回應**；而對方也是以同樣方式與我們應對。

因此，眼睛在相互溝通上扮演非常重要的角色。

如果第一次談話時是用電話，因為對方的資訊只有聲音（說話方式），所以雙方只得在相當難捉摸的狀況下談話。這應該會令人焦躁不已，因為能掌握對方真實面貌的眼睛無法發揮功能。

談話時視線*沒有交會，也會有同樣的感覺。**如果無法與對方視線交會，就很難得到對方的資訊，**談話的障礙也會增加。

負面情緒從眼中暴露

艾克曼（詳見➡第三六頁）與布雪（Jerry D. Boucher）做過一個實驗，研究在臉部表情辨識（Facial Expression Recognition）時，哪個部位是有

＊**視線**　指眼睛所見的方向，我們通常會説「視線朝向（某處）」。另外，也指看著他人的眼神，或他人看著某種事物的眼神。也有「在意世人的視線」等用法。

效的。他們將表現六種基本情緒（幸福、驚訝、恐懼、嫌惡、憤怒、悲傷）的臉部照片分成三部分，分別是額頭周邊、眼睛周邊及嘴巴周邊。然後把三個部位的其中一個，與沒有表情的照片合成，並讓受試者觀看。結果多數受試者認為，眼睛露出「恐懼」與「悲傷」的表情。從這個實驗可知，**看了眼睛，即可判斷對方是否有恐懼與悲傷之類情緒**；而「憤怒」的情緒則很難光從眼睛判斷。另外，多數受試者認為，「幸福」與「嫌惡」的情緒大多顯露在嘴的部位。

用眼睛捕捉對方的訊息

初見面時先看整張臉，但說話時是看著對方的眼睛，然後看全身，捕捉對方的相關資訊，給予回應。

掌握的資訊
表情
印象
服裝
姿態
手勢
看起來沒什麼精神，一定發生了什麼事
這個人看起來很誠懇，或許可以跟他談談
用眼睛綜合判斷對方
回應對方

彼此開始溝通後，眼睛扮演非常重要的角色

7 眼神接觸①——四種意義

目光接觸想建立良好關係的人，閃避想拒絕的人

人際關係從眼神接觸開始

人與人的目光交會是溝通的基礎。可以說，**人際關係從眼神接觸***開始。相反地，若拒絕眼神接觸（迴避視線），應該是想避開人際關係。

心理學家奈普（Mark L. Knapp）把人想跟他人眼神接觸時的心理意義分成四種。

①尋求回應

例如用眼神詢問對方：「我的話你確實聽懂了嗎？」為了確認對方的反應而看著對方。這種情況是想蒐集有關對方想法的資訊。

②想接觸對方

想與對方攀談或傳達訊息給對方時，首先會朝對方看。

③表達善意

人在表示善意與關心時，會有意無意地注視對方。如果互相都有好感，就會彼此對看；如果對方沒有好感，就會迴避對方的目光。

④表示敵對

感覺到對方有敵意或競爭之意時，有時會凝視對方。這應該是來自動物的本能：擔心對方攻擊自己時，眼睛就會緊盯著對方。

***眼神接觸**　對所有哺乳類動物而言，看著彼此的眼睛是非語言溝通的基礎。但是，過度的眼神接觸通常會讓彼此緊張。

眼神接觸的心理意義

心理學家奈普認為，人想跟他人眼神接觸時，是以下四種心理在運作。

1 尋求回應

為確認對方的反應而看著對方。

2 想接觸對方

想與對方攀談或傳達訊息給對方時，首先會朝對方看。

3 表達善意

人在表示善意與關心時，會有意無意地注視對方。

4 表示敵對

感覺到對方有敵意或競爭之意時，也會緊盯著對方。

8 眼神接觸②——「喜歡」或「討厭」

目光接觸的次數與時間愈多，「喜歡」的程度愈高

女性即使不喜歡某位男性，仍會注視著他

前文提到眼神接觸有四種意義，但其實都是對對方感興趣的意思。通常，**目光接觸的次數與時間愈多，對對方的好感與關心程度愈高**。

不過，《性行為檔案》期刊（Archives of Sexual Behavior）有論文指出，「無論男性對女性有沒有吸引力，女性平均可持續注視他八點二秒；但男性若覺得女性沒有吸引力，平均只能注視她四點五秒」。也就是說，男性即使被女性注視，也不必一概認為她們對自己有好感。

另一方面，男性若注視女性，出於好感的可能性似乎較高。

另外，男女表達好感的注視方式也不一樣。**男性的支配需求***（Need for Dominance）**較強，常用俯視對方表示好感；女性的親和需求**（詳見➡第八二頁）**較強，常用仰視的方式表達好感。**

對話時，對方眼神並未跟你交會，可能表示他想結束談話，或者覺得無聊。瞥對方一眼就移開視線，比較像是表達厭惡；臉稍微背向對方，只有眼睛看著對方（即斜眼看人）也是一樣的意思。如果遇到以上狀況，無論哪一種，最好解讀為對方對自己不感興趣，或者討厭自己。

***支配需求**　想用指示、命令的方式控制對方的需求。相反地，想藉由遵從對方或團體的指示而得到穩定位置的需求，稱為順從需求（Need for Deference）。

用眼神接觸來辨別對方是否有好感

由對方注視自己的方式，可相當程度地看出他對自己是否有好感，與如何看待自己。

目不轉睛

男性

支配需求較強，用俯視的方式。另外，男性若不覺得對方有吸引力，很少會盯著對方看。

女性

親和需求較強，通常會仰視對方。女性即使不喜歡男性，還是有可能凝視他，希望男性不要誤會了！

眼睛滴溜溜地轉

對對方有好感，但又沒自信、緊張兮兮，所以眼睛不安地轉動著。精神不穩定的人通常也是這種狀態。

視線忽然避開

雖然目光曾交會，但一下子就避開了。這種情況通常是因為談話變得無聊或意見不合，或想與對方保持距離。

眼神一交會就馬上避開

眼神一交會，就不自覺地避開。可以想像是因為害羞，雖然喜歡對方，但對告白猶豫不決。

9 緊張時，眨眼次數會增加

遇到不想談的話題時，會因緊張而增加眨眼次數

眨眼的次數雖有個別差異，但一般而言，成年男性一分鐘眨眼約二十次，成年女性一分鐘眨眼約十五次。與人對話時，如果覺得對方眨眼的次數比平常多，我們就會覺得怪怪的。對話時眨眼次數增加的人，是處於什麼心理狀態呢？

頻繁眨眼的人讓人覺得怪怪的

眨眼，日文寫成「瞬き」，也就是眼皮瞬間開合的狀態。眨眼可分為三種類型；第一種是**週期性眨眼**，即平時不自覺的眨眼；第二種是**反射性眨眼**，在光線射入眼中時，因感到刺眼，會瞬時閉上眼睛；第三種是**隨意性眨眼**，這種是有意識地眨眼，就像我們使眼色*一樣。

眨眼主要有兩種功能，其一是清除眼睛表面的雜物，就像汽車的雨刷，擦去眼睛表面的塵土等異物；其二是用淚水濕潤角膜，以免眼睛表面乾燥。另外，也可藉著眨眼，看清楚模糊的物體。

眨眼是「緊張」的指標

美國心理學家多耶茲（Joe Tecce）做了一個有關眨眼的有趣調查。他調查一九八八年的兩位美國總統候選人——喬治・布希（George Bush）與麥可・杜凱吉斯（Michael Stanley Dukakis）在電視辯論時的眨眼次數。結果，杜凱吉斯一分鐘眨眼

＊**使眼色**　在日本，往往被理解為男女間有好感的訊號。而在歐美，會在打招呼或傳達心情時，輕鬆地眨一下眼睛。

六十次以上，也就是平均至少一秒一次，這樣的頻率是一般人的三倍（一般人約一分鐘眨眼二十次）。杜凱吉斯的頻繁眨眼，讓觀眾覺得他相當緊張，而對手布希因眨眼次數較少，給人比較穩重的感覺。

當問到墮胎議題時，布希瞬時停止眨眼，開始回答問題。他的眼睛表情讓觀眾覺得，面對墮胎議題，他的態度是認真的。之後，以投票結果來看，布希比杜凱吉斯適合當總統，因而走向勝利之路。

眨眼的次數被認為是「緊張的指標」；眨眼次數愈多，表示愈緊張不安。如果在對話中途，對方忽然頻頻眨眼，可能表示他不想觸及該話題，或因意想不到的話題而不安。

以性格來說，A型人格*（Type A Personality）**的人有常眨眼的傾向。**A型人格的特徵是，對達成目標非常積極，工作時精力充沛等。可說是富有野心、喜好競爭、做事莽撞、具攻擊性的人。

外表 TOPICS

頻繁眨眼也可能是罹患妥瑞氏症

提到經常眨眼的名人，我們腦中浮現的，應該是兩位曾任東京都知事與電影導演，在他們的舞台上大展長才的明星人物吧！這兩人工作時都是充滿活力，尤其是擔任東京都知事時的言行，讓人覺得他們完全符合本文所提到的A型人格。

頻繁眨眼也可能是因為妥瑞氏症（Tic Disorder）的症狀。妥瑞氏症是幼年期到青春期間常見的腦神經系統障礙，症狀有眨眼、搖頭、聳肩、皺眉等。成人妥瑞氏症有些是兒童時期的妥瑞氏症轉為慢性，好像也有不少是壓力所致。

***A型人格**　一九六〇年代美國心臟病學家費德曼（Meyer Friedman）與羅森曼（Ray Rosenman）所提出，屬容易罹患心臟病的性格。B型人格（Type B Personality）則跟A型人格相反，比較我行我素、無攻擊性。

10 從視線的移動可以知道對方在想什麼？

眼前的人在想什麼，看他視線的方向就能知道

視線移動的四種模式

人在與人談話或找東西時，視線會移動；思考時，視線也會移動。創立**神經語言程式學***（Neuro-Linguistic Programming）的美國心理學家約翰・葛瑞德（John Grinder）與理察・班德勒（Richard Bandle）認為，**腦部的運作會顯示在視線的移動方向上，所以我們可從視線的變化得知對方在想什麼**。

他們舉出視線移動的四種模式：①**視線朝左上移動時**，是在回想過去的經驗或從前看過的風景；②**視線朝右上移動時**，是在想像目前尚未經歷過的事或景象；③**視線朝左下移動時**，是心中有音樂、聲音等與聽覺有關的印象，或內心正在與自己對話；④**視線朝右下移動時**，是在想像受傷或生病等身體上的痛苦，或回憶感情。無論哪一種，集中思緒時，視線就會固定位置。東張西望，視線定不下來時，應該是腦中有各種錯綜複雜的想法。

為了掌握場地等空間而反覆思考時，視線通常會朝左上方；在思考漢字等有關語言的訊息時，視線通常會朝向右上方。

這些模式是以右撇子為前提，如果是左撇子，有時會有不一樣的表現。

＊神經語言程式學（NLP）　徹底分析、研究三位在各種領域都有一流成果的天才之行為，發現他們使用了共同的溝通方法。葛瑞德與班德勒將這些方法與精要部分加以整理，確立了讓任何人都能輕鬆成為溝通專家的體系，也就是NLP。

視線方向有其意義

對方現在在想什麼，從視線方向就能推測。

視線朝左上

回想過去的經驗或從前看過的風景。

視線朝右上

想像目前尚未經歷過的事情或景象。

視線朝左下

心中有音樂、聲音等與聽覺有關的印象，或內心正在與自己對話。

視線朝右下

想像受傷或生病等身體上的痛苦，或回憶感情。

11 從臉型、五官看出性格

從臉的大小、形狀、眼睛、鼻子、嘴巴等看出人的性格與本性

自古就有面相學

面相學，又稱**面相占卜**。面相師看臉就能知道當事人的性格與過去，並預測其未來的命運。歐洲自古就有面相研究，古希臘的希波克拉底（Hippocrates）、亞里斯多德（Aristoteles）與柏拉圖（Plato）等人，都談論過面相學。在現代，德國精神科醫師恩斯特・克雷奇默*（Ernst Kretschmer）的體格與性格研究對面相學也有極大影響。

克雷奇默把人類的體型與氣質分成三類：①**清瘦型**：全身都很瘦、蒼白、**臉型是倒三角形**、**頭部比例較小**、手腳長；氣質具有精神分裂症（Schizophrenia，譯注：現在稱為「思覺失調症」）的特徵、不愛社交、沉默寡言；消化系統較弱。②**肥胖型**：**頭部比例較大**、脖子粗、**圓形臉**、手腳短；氣質具有躁鬱的特徵、愛好社交；易患糖尿病、心臟病。③**強壯型**（又稱**肌肉型**）：**臉型是方形或五邊形**、頭部比例較大、骨架粗壯。男性體型是倒三角形，女性給人魁梧的印象；偏執氣質（Viscous Temperament，譯注：又稱黏著氣質。特徵是以保護自己所屬社群來維持內心的安定）具有一絲不苟、嚴謹耿直的特質；必須注意血壓、癌症、心臟系統的問題。面相學中，不只臉型，五官也有

↘普朗格（Eduard Spranger）則以價值來分類。類型論可追溯至古希臘醫師希波克拉底的四體液説（Humorae theory）。

重要的意義。一般認為眼睛表達深奧的訊息，外眼角則顯露出本性。耳朵的大小表示慎重程度，耳垂表示慷慨程度。鼻子表示金錢運與品格，嘴的大小與人的「器量」成比例，從唇的厚薄可看出對感情的重視程度。

從臉型看出性格

克雷奇默的體型性格分類法中，也將臉型分類，企圖看清人的性格。

清瘦型

下巴窄而尖，頭部比例較小。全身都很瘦、皮膚蒼白、手腳長。氣質具有精神分裂症的特徵，不愛社交、沉默寡言。聰明、感受性強，細膩但缺乏毅力。消化系統較弱。

肥胖型

臉型豐滿，光憑這點就容易讓人產生好感。周圍的人對他也很呵護，因此有任性的傾向。氣質具有躁鬱的特徵，愛好社交。頭部比例較大、脖子粗、手腳短。易患糖尿病、心臟病。

強壯型（肌肉型）

骨架粗壯，男性體型是倒三角形，女性給人魁梧的印象。頭部比例較大。偏執氣質，一絲不苟、嚴謹耿直。雖不精明，但屬大器晚成型。必須注意血壓、癌症、心臟系統的問題。

＊**克雷奇默**　性格分類法有類型論與特質論兩種，類型論的代表克雷奇默提倡依體型來為性格分類，美國心理學家威廉・雪爾頓（William Herbert Sheldon）以胚胎學來分類，德國心理學家愛德華・斯↗

從五官看出性格

據說人的本質全都表露在五官上。

鼻子

段鼻（譯注：鼻子中段突起）

自我主張強烈、欠缺協調性。有強烈的正義感、獨占欲及金錢欲。屬領導型人物。

蒜頭鼻

平易近人，能帶給周遭安心感。對他人不存壞心。對金錢有正確的使用方式與價值觀。

朝天鼻

正直、慷慨、樂於助人。鼻梁不明顯者，做事缺乏計畫。

眼睛

大眼

感受性豐富、善於察言觀色、反應迅速、有行動力。通常有點散漫。

小眼

勤勉努力。無論愛情或友情，都需要時間慢慢培養。不擅長表現感情，常給人較為保守的印象。

嘴

大嘴

不拘小節、度量大，很照顧晚輩或同事。有時會思慮不周。

小嘴

性格謹慎。工作時精明幹練，很有耐性與毅力。不擅長自我宣傳。

厚唇

感情深厚、以誠待人。有子女運與家庭運。

薄唇

感情淡薄、很會算計。腦子轉得快，但不適合當領導人。能言善道。

耳

大耳

慎重。重視和諧。記憶力與直覺力都很強。感情脆弱、純真。

小耳

性急，不擅控制感情。容易看心情做事。屬冒險家類型。

耳垂發達

樂天派。喜歡融洽的氣氛。大都很溫和。

耳上端尖聳

擁有獨特價值觀的理想主義者。人生跌宕起伏。

12

抹除個性，魅力就會增加？

多數人喜歡平均的、左右對稱的臉

有魅力的臉

沒有人不在乎外表。女性會用化妝修飾臉部、剪適合自己的髮型、穿適合自己身材的衣服。其中祕訣在於**掩飾缺點**、**強調優點**，也就是所謂如何**突顯個性**＊。但是，有個性的臉究竟有沒有魅力呢？美國心理學家朗格瓦（Judith H. Langlois）與羅格曼（Lori A. Roggman）的研究回答了這個問題。他們用電腦合成技術進行實驗，研究哪種臉比較受歡迎。

這個實驗分別用四個人與三十二個人的臉合成照片，調查哪一張比較受歡迎。結果，多數人選的不是四人的合成照片，而是三十二人的合成照片。臉部照片經過愈多次合成，愈失去個性，愈來愈平均。也就是說，**多數人喜歡的是平均的臉，愈沒個性的臉愈覺得有魅力**。

喜歡平均臉的四個理由

那麼，為什麼人會喜歡平均臉，而非個性臉呢？可能有四個理由。

首先是**親切**。人對習慣的事物感到安心，對不習慣的事物感到不安。因此，比起感覺陌生的個性臉，**似曾相識的平均臉更有親切感**。其次，**人有追求正常的心理**，希望自己跟別人一樣；所以

＊**個性**　個人特有的性質與特徵。本來指人與人之間的差異，但後來又多了其他用法，例如「有個性的人」是指與他人相較，個性較為不同的人。

才會**選擇平均臉**，不選跟別人不同、偏離平均的個性臉。

第三個理由是，人臉本來就不是**左右對稱**，經過平均之後，左右的歪斜消失，變得近乎左右對稱，而人比較喜歡左右對稱的臉。最後一個理由是，經反覆合成的臉**比較圓潤**，**看起來更年輕**、**健康**，這也是令人增加好感的原因。

為了讓人喜歡而化妝、修飾儀容，也可說是因為覺得平均臉比較好吧！

平均的臉比較美？

據說平均臉比較討人喜歡。平均臉有魅力，可說是因為平均臉比較接近美的標準。那麼，一般人認為的「美」，有哪些條件呢？

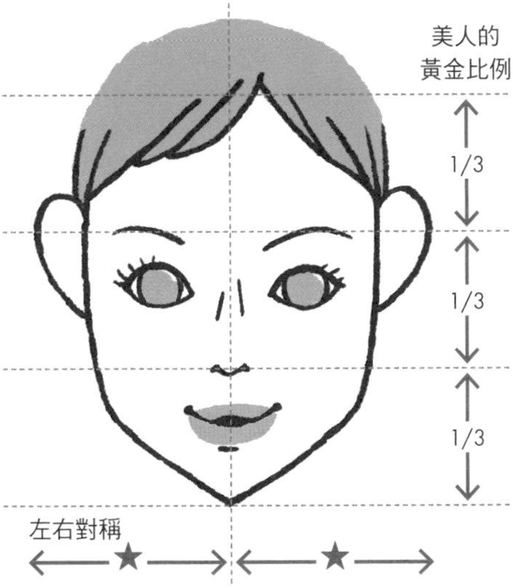

親切　人對看習慣的平均臉，比較有親切感。

正常　人們認為平均的事物比較正常，有個性就比較偏離標準。

圓潤　比起有稜有角的臉，更喜歡圓潤的臉。

健康程度　抹除個性、經過平均後的臉，看起來更健康。

13 化妝①——內外都變美

化妝後心情開朗、壓力減輕，也有抗老效果

看不見的化妝效果

化妝不只使外在變美，也帶來內心的改變。內心的改變是眼睛看不到的，但已逐漸有科學證明。化妝的效果可分為心理效果與生理效果。

心理效果指藉著化妝，讓自己接近自己希望變成的樣子，隱藏缺點、強調優點。也就是說，**經由減輕來自臉上的煩惱與自卑感，提升自我形象**（Self-image），會讓自己有自信，心情變得開朗、正向、積極。

化妝也有**促進健康的生理效果**。從日本美伊娜多（Menard）化妝品所進行的實驗可知，化妝可減輕壓力。這個實驗蒐集化妝前後的唾液，測量皮質醇的量。皮質醇是一種激素，遭受壓力時會增加。結果顯示，皮質醇在化妝後減少了。**化妝可減少壓力**已獲得科學的證實。

抗老效果

化妝的另一種生理效果就是**抗老***。老化是因為活性含氧物（簡稱 ROS）損傷細胞而起，而我們體內的超氧化物歧化酶（簡稱 SOD）與過氧化氫酶等，具有**抗氧化能力***，可消除活性含氧物。日本美伊娜多化妝品也做了抗氧化能力實驗，蒐集化妝前後的唾液，比較超氧化物歧化酶與過氧化

***抗老**　防止老化的行為總稱。醫學上稱為抗老化醫學。現在有些醫院也有抗老短期住院體驗的設備，檢查老化進展的情況。

氫酶的變化。結果顯示，化妝後兩者的活動力都提高了；也就是說，**證明了化妝能提高抗氧化能力，有抗老之效**。

一般認為化妝會使外表變美，但現在已漸漸證實，**化妝有使內外皆變美的力量，能夠療癒心靈、增進健康**。現在，醫學、照護領域也積極運用化妝的心理、生理效果，稱為化妝療法。

化妝有益身心

化妝能提高心理與生理的機能，所以也能使心情美麗。在心情低落或身體狀況不佳時化妝，就是想調整情緒與身體狀況。

化妝的心理效果

化妝讓人有自信，心情開朗、正面，所以也變得比較積極。

化妝的生理效果

化妝能減少美容與健康的大敵——壓力，防止老化。

化妝能減少美容與健康的大敵——壓力

活性含氧物是造成老化的原因，化妝能減少活性含氧物，提高抗氧化能力。

＊**抗氧化能力**　活性含氧物是氧成為化學活性的狀態。抗氧化能力指抑制活性含氧物的產生、消除已形成之活性含氧物的能力。有抗氧化能力的物質稱為抗氧化物質。

14 化妝②——促使男性出手相助

化妝的女性比較吸引男性注意

化妝有效嗎？

化妝最主要的目的就是讓臉蛋漂亮。用護膚用品保養肌膚，用化妝掩飾礙眼的斑點、皺紋，用眼妝讓眼睛看起來比實際大，都是為了遮蓋缺點或突顯優點，以求增加魅力。不過，為了讓自己看起來更美所做的努力，真的會得到回報嗎？

美國心理學家寇克斯（Russell D. Cox）與葛力克（Stanley D. Glick）所做的實驗，讓受試者看化妝前後的照片，比較兩者的印象。結果顯示，受試者認為化妝後的照片比較有女人味與性感。

之後，哈米德（Hamid, P. N.）的實驗結果顯示，對女性受試者來說，化妝前後的魅力沒有太大差異，男性受試者則認為化妝後較有魅力。也就是說，這個實驗證實了**男性喜歡女性化妝**。

引發男性的助人行為

男性不只認為化妝的女性較有魅力，**女性化妝後，男性對待她的行為也會改變，例如會變得比較親切**。這件事眾所皆知。

美國心理學家哈洛（W. A. Harrell）做了一個實驗，比較女性在整理了漂亮髮型、妝飾得宜時，以及一頭亂髮、脂粉未施時，向男性問路，待遇有什麼不同。結果顯示，有打扮時獲得比較親切

＊**助人**　幫助他人的行為在心理學稱為「助人行為」（Helping behavior）或「利他行為」（Altruistic Behavior）。為他人利益而做的助人行為也稱為利他行為。

的對待，男性會仔細告訴她路怎麼走。

美國心理學家敏斯也做了類似的實驗，讓同一個女大學生分別在素顏時與化妝後，故意在男學生面前掉落文件夾，比較男生的反應。結果顯示，化妝後幫她撿拾的男生比較多。由此可知，**化妝不只可博得男性好感，也能引發男性的助人＊行為**，因為女性化妝有改變男性的心理與行為之效。

男性對化妝的女性比較好？

男性覺得有化妝的女性比素顏的女性有魅力，對化妝的女性比較親切，並因此引發男性的助人行為。

問路
化妝的女性
沒化妝的女性
我們一起走過去吧！
不好意思，請問車站…
在那邊喔
幫忙撿拾掉落一地的文件
化妝的女性
沒化妝的女性
你還好吧？
咻～
我幫你撿

15 化妝③——創造自我更積極

用化妝提高自我肯定感與自我評價

看了鏡中的自己，若覺得滿意，也會使化妝的自己有成就感；亦即得到**自我肯定感**（Self-affirmation，詳見➡第一一〇頁）與較高的自我評價（詳見➡第二六頁），也會更積極溝通。

心也需要化妝

對著鏡子，用心愛的化妝品**在臉上擦脂抹粉的時候，可說是創造另一個自己的過程**。妝效好、令人滿意時，我們就會心花怒放，鏡中的臉也自然地眉開眼笑。

佳麗寶（Kanebo）化妝品引用腦科學家茂木健一郎*的研究，提出女性在準備開始化妝時，會更期待「藉由化妝，使人際關係更順利」。化完妝後，腦中也會認同化妝後的面孔就是原本的自己。這是在潛意識中調整自己，準備與他人面對面的狀態。

化妝使人際關係更積極

心理學家岩男壽美子與松井豊的實驗，讓我們知道化妝對本人與周圍產生什麼樣的作用。這個實驗雇用女大生為化妝品宣傳人員，在東京、銀座請路人做問卷調查。結束後，學生們回到化妝品公司，由專業的化妝師幫她們化妝，再請她們到街上做問卷調查。

＊茂木健一郎　東京大學理學博士，針對一般讀者撰寫了許多有關腦與神經的書籍。是知名的腦科學家，在媒體也相當活躍。

經過專業的化妝後，她們對問卷受訪者採取更有自信、更積極的行動，舉止更優雅，更樂於與受訪者溝通。也就是說，專業化妝提高了她們的自我評價，引發積極的**人際行為**＊（Interpersonal Behavior）。經過化妝心理學領域各式各樣的調查，

顯然地，**用心化妝的女性對自己的滿意度高、對人際關係積極，並熱中公益活動。**

化妝後變得樂於與人溝通

藉由化妝，讓自己接近理想中的自我形象、提高自我評價，對人際關係也比較積極。

1 準備開始化妝

預期化妝後，會使自己的人際關係更順利。

2 符合社會期待的臉

藉由化妝，完成與素顏不同的、符合社會期待的臉，能產生自我肯定感、提高自我評價，並滿足自尊心。

3 樂於與人溝通

自我肯定感的提高，使自己更有信心、對人際關係更積極、更樂於與人溝通。

＊**人際行為**　社會心理學主要的研究對象有「人際行為」、「組織行為」（Organization Behavior）及「文化對人類行為的影響」。人際行為指與他者的互動方式。

16

男性也在乎外表

男性對美容的興趣提高，也希望自己變帥

男性也會為外表而煩惱

貼著鏡子修眉，去美容沙龍保養肌膚，到健身房塑身——如果變成男性在做這些事，會有不少人慨嘆世界末日到了。不過，**男性跟女性一樣，對外表多少有些情結**。男性也會在意外貌，例如想再長高一點，或害怕頭髮日漸稀疏；可能的話，希望能解決這些煩惱。

男性自古就很享受化妝之樂。男性不化妝，是從明治時期推行富國強兵政策後才開始。回顧漫長的人類歷史，男性不化妝不過是近一百年左右的事。我們碰巧生在這個異常的時代，才會覺得男性化妝有點奇怪。不過，最近各種領域已逐漸跨越男女界限，男性也慢慢開始恢復化妝。

超越男性氣質的神話

男性化妝品市場*原本主要是頭髮護理與生髮產品，用來解決禿頭等有關頭髮的煩惱，現在已擴大至護膚等領域。想要變美，是男女共通的願望。從前在「男人不化妝」的社會規範之下，男性想解決外貌煩惱的願望遭到壓抑，以致未能浮上檯面，所以，市場上也沒有實現這些願望的產品與服務。現在這種限制漸漸消除，可以說，**男性逐步從男性氣質的神話中解放**。因此，女性應該也

＊**男性化妝品市場**　二〇一二年，化妝品市場規模為二兆二千九百億日圓（譯注：約六千七百二十三億台幣），其中男性化妝品約有五千二百三十八億日圓（譯注：約一千五百四十五億台幣），保養品與化妝品等各方面都有成長。

會想支持男性化妝的意願。

七成男性對美容有興趣

依據All About資訊網站生活趨勢研究所所做的「男性美容」問卷調查，**約有七成男性回答「對美容有興趣」，愈年輕比例愈高，二十多歲的高達百分之七十七。**

詢問回答「對美容有興趣」的男性，他們的美容動機為何？比例最高的答案是「因為心情會變好」，有百分之六十三；回答「為了工作」者占百分之三十四，回答「為了受歡迎」者占百分之三十一。

我們已經知道，多數女性打扮後會變得比較開心，無論在私人生活或工作上都會更積極努力。現在的社會對男性美容的拘束愈來愈少，男性似乎也開始想修飾外表，讓自己更有自信、樂於享受人生。

外表 TOPICS

男性的鬍子代表時尚？

鬍子是男性時尚的元素之一。沒有修整的鬍子稱為邋遢鬍，讓人感覺髒髒的。不過，像電影明星強尼・戴普（Johnny Depp）、美國職棒大聯盟選手鈴木一朗的鬍子，不是讓它任意生長，而是經過修飾，就會得到「有男人味、有威嚴、有氣勢」的評價。

説過「男人過了四十歲，就要為自己的長相負責」的美國總統林肯（Abraham Lincoln），鬍子造型也令人印象鮮明。

由此可見，鬍子可為人帶來氣勢，讓人看起來值得信賴。娃娃臉的男性留鬍子，可能也是為了讓自己看起來有威嚴吧！

17 美容整形的心理

有人為了恢復自信與自尊而整形，也有人因為醜陋恐懼症而整形

美容整形愈來愈休閒化

多數人對**美容整形**的觀念是，就算對自己的臉有所不滿，頂多花錢到美容沙龍（譯注：做全身美容，如瘦身、脫毛等場所）請人幫忙，但對整形手術就有些抗拒了。整形要在臉上或身上動刀，不免令人排斥，所以不會想做到這一步。

不過，從前要避人耳目才敢去的美容沙龍，如今變得跟美容院（譯注：專門剪燙髮、化妝）一樣，客人可以安然自若地上門。美容整形診所也是同樣的情況，甚至還在電視上做廣告，整形變成觸手可及的事。隨著做雙眼皮、注射保妥適肉毒桿菌素*除皺等微整形的普及，美容整形的門檻降低，使用者愈來愈多。

醫學的進步，使美容整形的門檻降低，想變美的願望又促進美容外科的進步，**使美容整形愈來愈休閒化**。

以美容整形開始新人生

電視節目《美的競技場》（ビューティー・コロシアム〔Beauty Colosseum〕）是使美容整形攤在陽光下、日漸普及的助力之一。參加該節目的女性諮詢者們想要變美，抱著變美後人生會更積極、人生會完全改變的一絲希望。她們在節目中

***保妥適肉毒桿菌素**　從引發食物中毒的肉毒桿菌素中提煉出來的成分，可抑制肌肉的活動力，達到放鬆肌肉的作用。美容外科用來除皺與瘦臉、修飾臉型等等。

訴說自己坎坷的人生，例如因外貌而遭受霸凌、戀愛不成功或婚姻失敗、找不到工作等，以及希望變美後能擁有什麼樣的人生。製作單位則安排了整形外科醫師、牙醫、美容師、造型師、髮型師等「美的專家」，支援她們的變身計畫。

諮詢者接受美容整形與齒列矯正手術、減肥，臉與身材的困擾解決之後，藉由髮型、造型、時裝等讓她們美上加美，彷彿變成另外一個人。因為以前心中的創傷、使她們幾乎放棄人生的煩惱解決了，她們帶著喜悅、充滿自信的表情出現在攝影棚。**恢復自信與驕傲的她們，開始積極挑戰人生**。由此看來，對因外貌而造成人際關係或社會生活困擾的人來說，美容整形成了一大福音。

也有人不斷整形

不過，也有不少人一旦開始整形後，就走向**整形的不歸路**。例如，做完雙眼皮手術後，又開始在意鼻子的形狀，覺得鼻子如果高一點，臉部會

外表 TOPICS

害怕他人注視的注視恐懼症

被人毫無顧忌地盯著看，會令人產生不快的情緒；因為那種視線讓人覺得有探察、懷疑等負面的意思。不過，如果這種不快感變得極端，以致極度不想被人看，就稱為注視恐懼症（Scopophobia，譯注：注視恐懼症包括「害怕自己的眼神與他人接觸」、「恐懼他人視線」等數種，本文討論的是後者），這是人群恐懼症（詳見➡第九二頁）的一種。如果到了注視恐懼症的地步，因為時時在意他人的眼光，工作或唸書都無法集中注意力，效率也會下降。

注視恐懼症患者在感覺到有人盯著他時，就會引發自卑感，並失去自信；覺得自己遜色的外貌或能力被看穿，變得愈來愈消極。

比較平衡，臉看起來會比較小。於是不斷做整形手術，沒完沒了。

公開承認整形的作家中村兔（中村うさぎ），把她一次次接受整形手術的過程寫成《想變成美女 中村兔的整形日記》（《美人になりたい うさぎの整形日記》）。她四十四歲開始做除皺的微整形，不久又去做拉皮手術，從耳朵周圍開刀，把皮膚向上拉提。據說，她要把臉整到像當時二十三歲的女演員奧菜惠為止，否則不肯罷休。

有人會為了想變美而做整形手術，有人則否。兩者的差異在於，是否能接受自己真實的樣子。**無法接受自己外貌的人，自我評價低，相信自己的容貌帶給周遭的人負面影響**。

醜陋恐懼症

無論長得醜是否為客觀事實，一直鑽牛角尖，認定自己的臉或身體很難看，美容整形也總是不滿意，接二連三整形的人，可能是罹患**醜陋恐懼症**（Body dysmorphic disorder，簡稱 BDD）。

有些臉或身體的細節，在他人眼中幾乎微不足道，**醜陋恐懼症患者卻極度嫌惡，為這些細節苦惱不已，無法抑制對醜陋的恐懼與不安**。因此，他們恐懼他人的視線（注視恐懼症，詳見⬇第七一頁），滿腦子都是「這種臉不能出現在眾人眼前」、「我就是因為這麼醜，才會惹人厭」等妄想。於是，在現實生活中也漸漸避免與他人接觸，有些人不得不退學、辭職，在社會上孤立。醜陋恐懼症與強迫症*（Obsessive Compulsive Disorder，簡稱 OCD）也有關，容易併發憂鬱症，也有轉為思覺失調症*（Schizophrenia）的案例。

＊強迫症　一種精神疾病，從前稱為強迫性精神官能症（Obsessive compulsive Neurosis）。主要症狀有強迫觀念（Obsessive Idea）與強迫行為（Compulsive Behavior）。強迫觀念使患者感到不快與不安，為消除令人不快的強迫觀念，患者會做出強迫行為，包括潔癖、強迫性洗手等。

什麼是醜陋恐懼症？

對美容整形手術的成果總是不滿意，不斷反覆整形；臉、身上的某部分或全身，在他人眼中完全沒有問題，但自己都認定是醜的，就可能是醜陋恐懼症。

自我評價極低

無論長得醜是否為客觀事實，因為自我評價極低，無法接受真實的自己，並且為理想的身體形象與自己外貌的差距而苦惱。

過度照鏡子

深信自己的臉或身體是醜陋的，對此非常在意。會無法控制地不斷照鏡子，或從玻璃等可反射的物體中看自己，一再確認自己的外貌，到達造成日常生活困擾的程度。

避免與人接觸

因為覺得自己的臉或身體醜陋，極度在意他人的眼光。認為自己的容貌引發他人不舒服，因此感到不安，漸漸避免與他人接觸。

被社會孤立

因過於在意容貌，出現社交恐懼症的症狀，於是避免外出、繭居家中、退學、辭職，以致難以在社會上生存。

＊**思覺失調症**　從前稱為精神分裂症。日本每一百人中就有一人罹病，特徵是有幻覺、妄想症狀，以及說話、行動缺乏連貫性等生活障礙。好發於青春期到青年期（譯注：多數研究者定義為十二～二十歲）。

18 俊男美女不會留在記憶中？

人雖有喜歡俊男美女的傾向，但有特色的面孔才記得住

讓人留下深刻印象的臉

經常聽到「人正真好」、「終究還是帥哥受歡迎」之類不知是嫉妒還是感嘆的話。本書開頭也提過，心理學實驗證明了「性格與成功都是由外表決定」（詳見⬇第二四頁）。

不過，**什麼樣的臉才會讓人留下印象呢**？德國心理學家哈魯加・魏茲（Holger Wiese）做過實驗，他給受試者幾秒鐘的時間，讓他們看一些臉部照片，其中有漂亮的，也有貌不出眾的。受試者看過後不久，他拿出幾張照片，包含他們看過的，問他們在這些照片中，有哪幾張是剛才見過的？

結果，受試者記得的，大都是不太有魅力的臉部照片。

也就是說，一般而言，人傾向喜歡美的事物，往往認為美貌比較讓人印象深刻；但實際上，**有特色的臉更容易讓人留下印象；即使不美，也令人難忘**。

美國麻省理工學院*（Massachusetts Institute of Technology）的電腦科學與人工智慧實驗室，研究過容易記住與不容易記住的臉孔有何差異。研究結果指出，顴骨高、弓型眉的臉被記住的機率比較高。

前文提過平均臉較有魅力（詳見⬇第六〇頁）。

***麻省理工學院**　通稱MIT，本部位於麻薩諸塞州劍橋市。是相當知名的學校，出了許多諾貝爾獎得主。理工科系特別突出。

的確，平均臉或許能給人好感，但不見得會讓人記住。例如，業務員如果記不住所拜訪客戶的臉，就太不像話了。**讓人覺得「不起眼」，是最應該避免的事**。為了讓人記住，要彌補自己的缺點。可以試試戴眼鏡，或化令人印象鮮明的眼妝或唇妝。當然，不只臉，聲音、說話方式、髮型、笑的方式等也都是讓人留下印象的方法。

讓人有印象的臉

比起勻稱協調的臉，有特色的臉似乎更容易讓人記住。如果不希望被認為「不起眼」，就試著給自己加點特色吧！

讓顴骨看起來高一點

擦腮紅時沿著顴骨，由濃轉淡。

讓嘴唇看起來厚一點

擦口紅時，把唇型稍微描厚一點。

讓眉毛更明顯

把眉毛畫成弓型濃眉。不要用瀏海遮住眉毛。

戴眼鏡

可以戴平光眼鏡，但鏡框要讓人印象鮮明。

傑奇與海德擁有表、裡兩張臉

「我還有另一張臉」、「他不只有一張臉」——這樣的敘述中，所謂的「臉」，並不是指面孔本身，而主要是在說「人格」。

心中的另一個自己，不知何時會取代自己思考與行動，這種現象稱為解離性身分障礙（Dissociative Identity Disorder，簡稱DID）。這兩種人格，彼此都不知道對方的存在，也不會記得自己曾變成另一種人格。羅勃・路易斯・史蒂文生（Robert Louis Balfour Stevenson）的小說《化身博士》（The Strange Case of Dr. Jekyll and Mr. Hyde）就是以解離性身分障礙為題材。故事中的傑奇博士喝下藥水後，性格、容貌大變。因為這個典故，解離性身分障礙也稱為「傑奇與海德」。

瑞士的精神科醫師卡爾・榮格（Carl Gustav Jung）認為，個人的人格（Personality）是由本質、環境及命運所形成；在這個過程中，不成熟的人格（陰影）也形成了，但被驅逐到潛意識（詳見➡第一二〇頁）裡。陰影如影隨形，黑暗、不成熟的人格傾向，在大部分的時候都會存在。

自己不想承認的不成熟人格，平時被壓抑，但可能會在某個機會反叛自己，取而代之，稱為「陰影的反叛」。「陰影」，有時只有一人，有時有好幾人。

第2章

性格也表現在服裝上

1 服裝左右行動

服裝有確認、宣告自我形象的功能

用服裝改變自我形象

服裝會改變行為？或許有人會感到難以置信，或覺得這種事不會發生在自己身上。在「女性的化妝研究」章節（詳見⬇第六二～六七頁）已經討論過梳妝打扮對心理層面的影響；一般認為，服裝其實也有同樣的功能。

服裝對行為與心理有一種作用，就是「**對自我的確認、強化與轉化**」*（Self-assurance、Self-reinforcement、Self-transformation），即人會依據所穿的衣服確認自己是什麼樣的人，並強化或改變那個形象。例如，不太有自我主張的女性穿上樸素的服裝，自己看了也會垂頭喪氣，覺得「我果然很不顯眼」，於是變得更加畏縮。這就是對自我的確認與強化。

相反地，穿著花俏的洋裝時，心情飛揚起來，展現出平常所沒有的積極行為，就是自我的轉化。日常生活中經常見到這種情況，應該不難理解吧！男性一穿上整套西裝，心情就進入幹勁十足的狀態，言行舉止也比較俐落。無論是男性或女性的例子，都能讓我們知道，**服裝所造成的形象能左右自己的言行**。

***對自我的確認、強化與轉化**　神山進（詳見➡第三〇頁）認為，打扮行為有三種功能：①對自我的確認、強化與轉化；②傳達訊息；③對社會互動的促進或抑制。

宣告「我是這樣的人」

衣服還有傳達訊息的作用，讓周圍知道「我是這樣的人」。例如，身穿前衛的服裝，除了向周遭傳達自己的觀念自由、進步以外，自己也能更確立這個傾向。

許多人選擇服裝的依據是「想讓周圍的人這麼看我」（詳見⬇第八二、一〇〇頁），可見多數人認為服裝與行為之間有密切關係。

形象的循環過程

以服裝的形象來確認、強化自我形象，是一個循環。若嘗試與自我形象不同的服裝，便跳出了這個循環，也改變了自我形象本身。

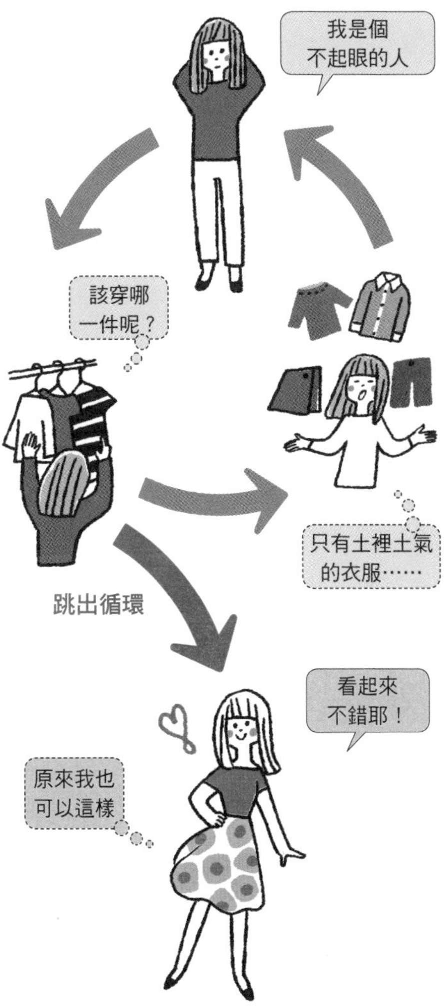

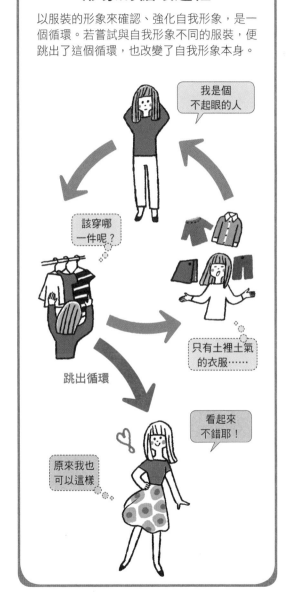

我是個
不起眼的人
該穿哪
一件呢？
只有土裡土氣
的衣服……
跳出循環
看起來
不錯耶！
原來我也
可以這樣

2

美人可以靠後天塑造而成

就算臉型、身材不好，還是可以變成俊男美女

氣質可以補外貌之不足

一提起對外貌的不滿，人們總是沒完沒了；臉太大、眼睛太小、嘴巴、鼻子、臉型等都可以挑出毛病。臉是天生的，要改變並不容易，**但努力加上別出心裁，也可能給人美女的印象**。

有一種人被稱為「**氣質美女**」。她們雖然臉蛋、身材並不那麼出色，但卻給人美女的印象。放眼四周，一定會有一位氣質美女，可以試著觀察看看，她們到底有什麼魅力。我想可能是因為服裝、姿態、說話方式、表情等原因吧！其中服裝應該是影響印象的重點。**想像一下，你想要變成哪個美女，學習她的服裝打扮，就能照你的意思給予他人印象**（詳見⬇第八二頁）。這在心理學中叫做**自我呈現***（Self-presentation，詳見⬇第三二頁）。

自我呈現是在希望得到社會好評時，或想得到利益時，向他人揭露的、不會對自己不利的訊息。自我呈現屬於印象管理的一種（詳見⬇第二一七頁），不只用言語，也可用外表來呈現。「**自我揭露**」（Self-disclosure）**則是用語言向他者傳達跟自己相關的訊息**。自我呈現只會展現受人肯定的面向，但自我揭露則連受人否定的面向也會表現出來。

＊**自我呈現**　與自我呈現、自我揭露類似的詞，還有自我展示（Self-exhibition），指向社會宣告自己的存在。

目標：氣質型俊男美女

想變成氣質型俊男美女，就要注意儀態與說話方式，這些跟印象也大有關係。背部挺直的女性，讓人聯想到堅定的心。彎腰駝背、無精打采的步伐，與俊男美女的印象差了十萬八千里。當然，粗言穢語、背地造謠、講人閒話，都是氣質型俊男美女的禁忌。沒有漂亮的五官，**但言行舉止讓人覺得「人品好」，也會帶給周遭好印象。**

氣質型俊男美女不可或缺的要素

天生的五官改變不了，但可做個讓人感覺良好的人（給人俊男美女的印象）。

服裝打扮

希望自己是什麼形象，就穿什麼樣的服裝。優雅、休閒都可以。無論怎麼打扮，乾淨清爽是第一要務。

表情

不要毫無表情。要有能表現心情的豐富表情。

儀態

不可駝背。腿擺放的方式也要注意，否則可能讓人覺得傲慢無理。

說話的方式

用自己的名字自稱，這樣太過孩子氣，沒有美人的風範。可以用聲調吸引對方。

說話的內容

不要講八卦、謠言等負面的話。自我主張不要太強。

3 用服裝了解心理

一個人希望別人怎麼看自己，從他所穿的服裝就可看得出來

外表與內在未必一致

我們看到穿著花俏服裝的人，就會覺得他可能相當開朗、有朝氣。不過，**服裝也可能是「希望他人如此看待自己」的需求投射**＊（Projection）；實際上，許多人的服裝與自己真實的樣子並不一致。打扮花俏的人乍看開朗，但其中也有許多是內心害怕寂寞，或有**社交焦慮**（詳見⬇第九二頁）。他們也可能是因為「想讓別人認為自己看起來很快樂」，才在潛意識中選擇花俏的服裝。

選擇高尚雅致服裝的人，似乎大都是「希望讓人認為自己很穩重」、「希望他人佩服自己」，屬於**自我主張強烈、有自信的人**。

穿著有個性服裝的人，言行倒未必有個性。有趣的是，他們更可能是正經八百、平凡的人。**其中也有人是想用服裝隱藏強烈的自卑感**。

穿著流行服裝的人，也不一定對時尚有興趣。不如說，他們大都是**親和需求**＊高的人，**希望與周圍一致，覺得當多數派比較安心**。

持有很多名牌物品的人，實際上未必擁有高收入。一般認為，他們只是想對外宣告「我是上流社會的人」。

＊**投射**　防衛機制（詳見➡第一五三頁）的一種，將自身的不良情緒加諸於他人身上，將它們視為別人的情緒，而非自己的情緒。

外表花俏，內心也花俏？

服裝反映出人潛意識的心理狀態。外表花俏，內心未必也開朗。

花俏的打扮

▼

希望他人認為自己是個快樂的人，但其中有許多人內心害怕寂寞，或有社交焦慮。

有個性的打扮

▼

正經八百、平凡的人。其中有些是想用服裝隱藏強烈的自卑感，或者有社交焦慮。

高雅的打扮

▼

希望別人佩服自己，很有自信，大都自我主張強烈。

流行的打扮

▼

想與周圍一致，當多數派讓自己比較安心。

＊**親和需求**　避免孤獨，想跟人在一起的心情。希望他人喜歡自己、得到他人好評。親和需求的動機是想要建立人際關係。在發生災害等危急情況而陷入不安與恐懼時，親和需求會更強烈。

4 服裝顏色表露出人的內心

想敞開心房時會選擇黃色衣服，想重整心情時會選擇紫色或褐色衣服

自尊心強的人喜歡什麼顏色？

你平常都穿什麼顏色的衣服呢？大家應該都考慮過「今天要穿什麼顏色的衣服」這種問題吧？其實衣服顏色可以看出人的心理狀態。

一般認為，喜歡穿**黑色衣服**的人，不受他人的意見或環境所左右，**想極力貫徹自己的意志**。

在提出目標、**心態變得積極時**，**或想宣告自己的誠實與力量時**，似乎通常會穿**白色的衣服**。

適應性強、**謹慎**、**忍耐力強的人常穿灰色衣服**。有消極傾向或較神經質、心情不穩定時也喜歡穿灰色。

日本人很喜歡的**藍色**，全世界大部分的人也都很喜歡，據說可讓心情平靜。此外，**自尊心**＊（**自尊感**）**高**、**虛榮心強**、**不認輸**的人，也有喜歡藍色衣服的傾向。

疲倦時想選什麼顏色？

暖色系中，**紅色屬外向**、**積極的類型**，是經常追求新鮮刺激的人喜歡的顏色，會讓人感覺到力量。

在精神狀態安詳、**平靜**、**穩定**，以及想避免變得更疲勞時，有選擇**粉紅色**的傾向。

＊**自尊心**　即自尊感。人在有自信的狀態時稱為「高自尊」，沒自信的狀態時稱為「低自尊」。自尊感跟理想我（Ideal Self）與真實我（Actual Self）之間的差距有關。

想對人敞開心房、與人親近時會選擇黃色。黃色是有助於溝通的顏色。

穿褐色衣服的大都是穩健踏實的人，有以長期觀點擬定計畫的才能。在意志消沉或想讓身體休息時，也有選褐色衣服的傾向。

藝術家喜歡什麼顏色？

綠色屬中性色*，喜歡綠色的人有彈性、不偏頗，重視對他人的感情，大都會與親密的朋友、家人談心，聽取他們的煩惱。另一方面，也有逃避現實或逆境的傾向。

紫色則是感受性豐富、有藝術傾向的人喜歡的顏色。據說還可提高復原能力。

服裝的顏色與心理相關。如果想敞開心房時刻意穿黃色，想重整心情時刻意穿紫色或褐色，不想受他人影響時刻意穿黑色，便可能自然形成所希望的心理狀態。

外表 TOPICS

顏色也有重量？黑色是白色的兩倍重

應該有人注意到吧？不知從何時開始，日本的搬家業者使用的瓦楞紙箱已經由淺褐色變成白色。根據實驗，相同重量、大小的瓦楞紙板，顏色一黑一白，人們對兩張紙板感覺到的重量印象是一八七：一〇〇。只因顏色不同，黑色就讓人覺得有白色的近兩倍重。一般認為，淺褐色感覺上是白色的一・二～一・三倍重。對一天要反覆搬運幾百個瓦楞紙箱的搬家作業而言，這種印象的差別影響很大。也許因為如此，業者才把作業用的瓦楞紙改為白色。

***中性色**　介於暖色與冷色之間，很難感覺到溫度的顏色。刺激較小，有使心情放鬆的效果。中性色指含有灰色系和緩色調的顏色。

5 制服塑造人格

制服給人「煞有介事」的印象，也賦予穿的人角色意識

穿著制服，「煞有介事」地行動

我們對於穿警察制服的人有「嚴肅」的印象，對穿護理師制服的人有「溫柔」的印象。即使對那個人一無所知，光看外表就形成先入之見，稱為**偏誤**（Bias，**偏見**、**成見**）。

不可思議的是，制服不只會影響到他人的印象，一般而言，連穿著制服的本人，如警察、護理師，也會「煞有介事」地行動。人傾向會採取適合所穿服裝的行為，也就是說，制服有**比馬龍效應**（Pygmalion Effect），**會讓人表現出他人所期待的結果**。

一九七一年，美國史丹佛大學所做的**史丹佛監獄實驗***（Stanford Prison Experiment），相當引人注目，也引起許多討論。這個實驗證明了服裝所具有的意義。

受試者看了報紙廣告等前來報名，抽籤決定分配到「囚犯」組，還是「守衛」組，然後穿著各自的制服，在監獄扮演該角色。儘管只是實驗，但扮演囚犯者就比較像犯人，扮演守衛者也開始有了真正守衛的言行舉止。不久，守衛對囚犯真心做出侮辱的言行，囚犯則表現出憂鬱症狀。實驗開始時，大家的條件都一樣，但因分派的角色與制服而引起人格的變化。

＊**史丹佛監獄實驗**　心理學家菲利普・金巴多（Philip Zimbardo）所做的實驗，他堅持忠實呈現真實的監獄情境，但擔任監獄諮商師的牧師看到實驗情況後通報，對扮演囚犯的學生所進行的非人道待遇，可能會造成其精神崩潰。於是，原訂兩週的實驗強制於六天便告結束。據說有扮演守衛者希望實驗繼續。

試著多用點心，讓制服有自己的風格

制服的這種效果可以依照自己的方式運用。例如，主婦可以把圍裙當做自己的制服，穿著圍裙時，刻意集中全力在家事上，使效率提高，再漸漸把圍裙變成轉換角色的開關。對上班族來說，西裝是制服。為了讓工作更有幹勁，在選擇西裝和領帶時，試著更講究一點，應該會有超乎預期的心理效果。

制服帶來的效果

制服會帶給周遭既定的印象，也會讓本人覺得，自己該成為適合穿那件制服的人。

警察 ↓ 保護我們

護理師 ↓ 溫柔地對待我們

安心感、信任感等先入之見⇒偏誤

警察 ↓ 必須遵守規則

護理師 ↓ 必須減輕患者的痛苦

要成為適合穿這件衣服的人
⇒比馬龍效應

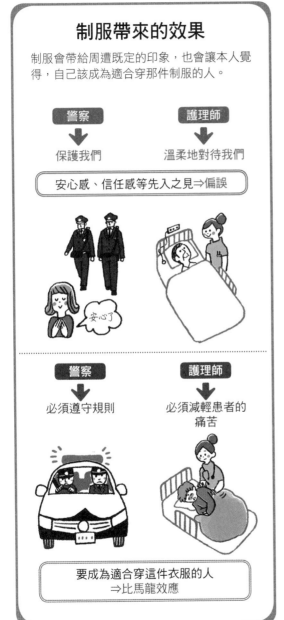

6

穿著性感服裝的女性

有些是為了吸引男性的注意，讓自己擁有身為女人的自信

大家都這麼穿，所以我也這麼穿

到了夏天，隨處可見**穿著暴露的年輕女性**。有的穿大領口低胸襯衫，有的穿強調光裸腿部的迷你裙。男性的眼睛都不知該看哪裡，心中常常小鹿亂撞。

約會時，女性若穿著強調身材曲線的性感服裝，男性可能就會覺得「她在誘惑我」。不過，**對男性來說，儘管荷爾蒙受刺激，但似乎大都不想與這類型的女朋友交往**。

而從女性的角度來看，為了誘惑男性而穿著暴露的人應該很少。若考慮到前述的男性心理，遇到真正喜歡的、想交往的男性時，可能寧願穿著清爽淡雅的風格。

想滿足女人的自尊心

那麼，女人為什麼要穿暴露的衣服呢？第一個原因就是**單純喜歡性感的衣服**，也或許是喜歡穿這種衣服的自己。

另外，也可能是**因為現在流行裸露的衣服，基於從眾**＊（Conformity）**的心理**，所以自己也穿。尤其是**親和需求**（詳見⬇第八二頁）高的人，採取與周遭人相同的行為，會感到比較安心。高中女生的超短裙，幾乎也都是「因為周圍的人都這

＊**從眾**　行為與他人相同，或依照團體的標準。願意依照他人或團體的期待而改變自己的行為。愈沒自信（自我評價低）的人愈容易從眾。

麼穿」，所以自己才穿。

還有一個理由是**「藉由吸引男性的目光，感受身為女人的自信」，自尊感**（詳見➡第八四頁）**低的女性身上可看到這種傾向。**如果沒有值得一提的能力，也不可愛，只有在身穿性感衣服的時候，可以得到男性的奉承，感到自己的價值提高，就很難不這麼穿。這樣的女性，可能會在不懷好意的男性展開柔情攻勢時，就以身相許。

不見得是為了誘惑男性？

面對穿性感衣服的女性，男性心中會小鹿亂撞，覺得「她在誘惑我」。但很遺憾，原因並非如此單純。

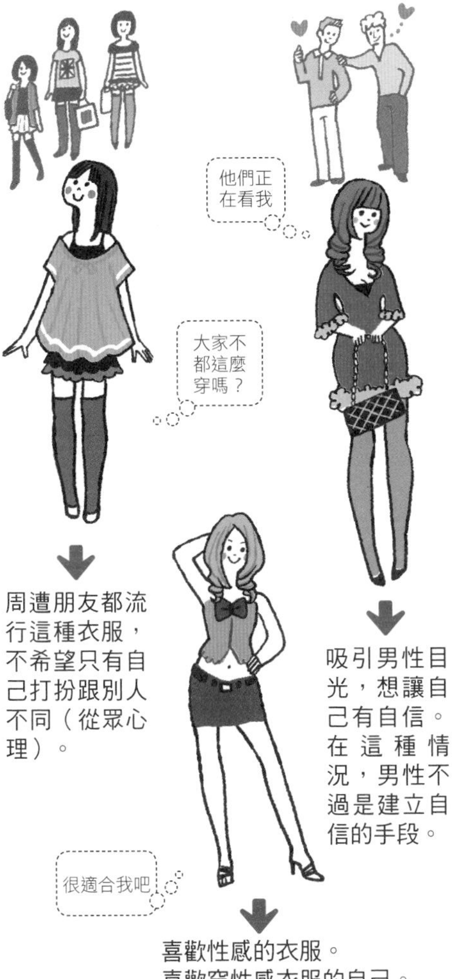

周遭朋友都流行這種衣服，不希望只有自己打扮跟別人不同（從眾心理）。

吸引男性目光，想讓自己有自信。在這種情況，男性不過是建立自信的手段。

喜歡性感的衣服。
喜歡穿性感衣服的自己。

7 對名牌的堅持

穿戴名牌可以讓自己覺得躋身名流，但也有人身穿名牌卻內心自卑

名牌是高級的證明？

有些人從衣服、鞋子、袋子、錢包到鑰匙圈，全身都是名牌。也許你以為他們的收入一定很高，但其中有許多人除了身上的名牌之外，日子其實過得很平凡。

有些人的服裝、包包雖不是名牌，但也相當昂貴。對「**喜歡名牌的人**」來說，這些高價商品有吸引力嗎？實際上，在大部分的情況，光是價格昂貴，並無法激起他們的購買欲。他們中意的是品牌，喜歡的牌子，即使覺得太貴也硬要買。名牌的魅力到底在哪裡呢？

當然，有些人是因為名牌的「設計與品質優秀」；但事實上，也有不少人是「**想藉著擁有名牌，宣告自己的高地位**」。名牌是高所得者才買得起的奢侈品，而擁有名牌，就等於向周圍宣告自己是上流人士。人人皆知的名牌商品，必須穿戴在一眼就看得到的明顯位置。

彌補自卑感的補償行為

這類型的人大多**在意他人評價**、缺乏自信；他們為了增加自信而擁有名牌，藉著擁有名牌，產生身屬嚮往的上流社會的錯覺。也就是說，**他們想用名牌彌補自卑感，這叫做補償行為***。

***補償行為**　一種防衛機制（Defense Mechanism，詳見➡第一五三頁），也稱為防衛反應，是精神分析學家佛洛伊德（Sigmund Freud）所創的精神分析概念，指用各種方法保持心理的平衡。

任何人都有這一面，只是程度不同而已。**有些人對學歷或頭銜非常執著，也是因為學歷或頭銜也成了名牌。**很少人能完全不在乎他人評價，活得自由自在。但如果因為喜歡名牌而不斷借錢，愈借愈多，妨礙到日常生活就不好了。

各種補償行為

覺得自己在身體或能力方面不如人時，為了補償，會做出某種行為（或運用某種思考方式），稱為補償行為。

- 英文講得不好，就亂講一通，想讓人以為自己英文很強。

- 學業成績不好的自卑感，想以運動比賽第一名來補償。

- 對外表沒自信，就以學業成績全校第一為目標。

- 穿戴名牌，補償自卑感。

8 從家居服的選擇看心理

一個人在家時，有人會變得比較邋遢，有人則否

在家是悠閒型？還是緊張型？

假日的早晨，想整天都待在家的話，你會穿什麼樣的衣服呢？

有些人會穿**汗衫或成套運動衫**，收快遞時能見人即可，不過基本上預設不會見到其他人。看起來懶散沒關係，**放鬆才是最重要的**。

有的人會穿**T恤、牛仔褲、運動上衣之類比較休閒的穿著**，見人也不會顯得太邋遢。這是比較有彈性的穿法，當家居服也適合，突然有人來也可以見客。**選擇這種穿著的人相當有彈性，心理狀態也很穩定。**

有人即使在家裡，也**打扮得像要出門般無懈可擊**。男性可能會穿毛衣加西裝褲，女性可能會穿襯衫、裙子及長筒襪。**這類型的人對外比較有戒心，不想在人前顯出毫無防備的樣子**。不擅長輕鬆地與人建立關係，也可能有**社交焦慮**＊（Social Anxiety）。

也有人**整天都穿睡衣**。這類型的人也會參加外面的社交活動，**但他們其實喜歡獨處，在家與在外有很大的差別**。他們很珍惜假日獨處的時光，以保持內心的平衡。

＊**社交焦慮**　如果近處有人，會很在意那些人怎麼看自己，因而感到不安。社交焦慮如果很嚴重，也有可能是人群恐懼症。

從家居服的選擇看性格

在家裡這個最私密的場所，你都怎麼穿呢？從家居服的選擇，可看出當時的心理狀態。

汗衫或成套運動衫

▶輕鬆第一。
▶on/off開關的轉換清楚。

運動上衣加牛仔褲

▶有彈性。
▶穩定。
▶生活各方面保持均衡。

無懈可擊的打扮

▶一絲不苟。
▶對外有戒心。
▶有社交焦慮的傾向。

睡衣

▶喜歡獨處的時光。
▶在家與在外有很大的差別。

9

改變心情就從領帶開始

領帶能充分表露人格與心理。如果要送領帶當禮物，也要考慮收禮者的性格

領帶容易反映心理

領帶雖然是平常不經意選擇的，但因為跟臉的距離很近，其實能相當程度地反映出心理狀態。

例如，有領帶的人都應該會有條紋領帶。總是選擇相似條紋的人，**屬於不愛冒險的類型**。若選擇樸素、幾乎無花紋的領帶，多為**缺乏自我主張（Self-assertion）、性格穩定的人**。

選擇**水珠花紋**＊**（由一系列實心圓點構成的花紋）**的人，特徵是**平和、溫柔**。有協調能力，聲望也高；但幾乎沒有領導才能，不擅長站在最前方推動他人。

選擇**大膽的圖案、或紅、黃等明亮顏色**的人，**好奇心旺盛、與眾不同、積極**。有堅持到底的精神，可說很適合當業務。美中不足的是缺乏耐性。

選擇**動物或漫畫、電影人物圖案**的領帶，是相當有個性的人，**我行我素**，認為只要懂他的人理解就夠了，其他人不懂沒關係。有一點彆扭。

據說**選擇冷色系的人，工作時大都很理性；選擇暖色系的人，工作時大部分會感情用事。**

要改變心情，先從領帶開始。選擇跟平常不同的花紋或顏色，也是方法之一。

＊**水珠花紋**　由許多小點點（dot，圓形、球狀）排列而成的花紋。只說「dot」時，是指「間隔號（・）」或「句點（.）」。

從領帶的選擇看出性格

你的上司、同事、喜歡的男性選擇什麼圖案的領帶？如果有很明顯的傾向，如「通常是條紋」或「大部分是圓點」，就能從領帶推測那個人的性格。

條紋 素色	奇特的花紋 採用色彩原色等 較明亮的顏色	圓點 （水珠花紋）	漫畫、電影 人物圖案

條紋、素色	奇特的花紋	圓點	漫畫、電影人物圖案
▼普通人 ▼溫和 ▼不愛冒險 ▼個性穩定	▼好奇心旺盛 ▼與眾不同 ▼積極 ▼有堅持到底的精神 ▼沒耐性	▼溫和、平穩 ▼協調能力強 ▼聲望高	▼有個性 ▼我行我素 ▼協調能力低

10

花心思在鞋子上的人

正因為是他人比較不會注意到的地方，更容易顯露出真心

有餘力的人才會講究鞋子

常聽人說，講究鞋子的人才是真正懂時尚的人。鞋子因為穿在腳下，確實不如衣服、包包、手錶那麼引人注目。不少人身穿高級西裝，手提名牌包，卻不在乎鞋子。因此，**連鞋子都顧慮到的人，可說是在經濟與精神層面皆有餘力的證明**。聽說高級飯店的工作人員都會先看顧客的鞋子，將他們分級。

正因為鞋子比較不受注目，所以也容易洩漏一個人的真心。

例如，不管鞋子多高級，只要上面有汙漬，就可窺見穿者身心的疲累。另一方面，**總是把鞋子擦得閃閃發亮，可能是完美主義、天真爛漫的人**。而穿僅此一雙訂製鞋的人，屬於驕傲、不妥協的類型。

穿靴子的男性屬深思熟慮型

從情境與鞋子款式，也能推測人的心理狀態。

例如，**約會時喜歡穿運動鞋的女性，屬於我行我素的類型**。知道要長時間走路，還穿淺口高跟鞋之類奢華型鞋款的女性，是想強烈宣示自己的女人味。

在商務場合仍**穿樂福鞋*****的男性，大部分都很有**

***樂福鞋**（Loafer）　沒有鞋帶，能輕鬆穿脫的鞋子，又稱懶人鞋（Slip-on）。英文loafer就是「游手好閒的人、懶人」之意。大部分是皮製，在半正式場合也可以穿。

品味、對流行敏感；當然，對女性的時尚也意見多多。在夏天以外的季節仍老是穿涼鞋的人，無拘無束、爽快，也很有自信。也有少數**男性喜歡穿靴子，這類男性屬於深思熟慮型**，他們所思考的事，大都是他人難以理解的。

大家覺得如何呢？雖然穿者本人往往忽略鞋子，但注意心理層面，就能發現許多有趣的事物。

從男鞋看心理

鞋子也會顯示出人的心理。想讓自己表現得與平時不同，換雙鞋子也許是不錯的方法。

綁帶休閒鞋

- 自我主張強烈
- 在意周圍評價

樂福鞋

- 有品味
- 對流行敏感
- 對女性的時尚意見多多

運動鞋

- 好強、不認輸
- 喜歡獨立自主的女性

涼鞋

- 直爽
- 有自信
- 想法自由

靴子

- 深思熟慮型
- 思考的事，他人難以理解

11 從包包看出女性的生活方式

男性講究手錶，女性的生活方式暗藏在包包中

包包是女性的分身

對女性來說，包包不只是用來裝東西的。男性可能有三個包包就夠了，一個工作用，一個私人時間用，一個旅行用。但女性會依據衣服是休閒或正式，搭配不同的包包；約會時與沒約會時，用的包包也不一樣。此外，還要搭配衣服的顏色。所以**女性各式各樣的包包都想要**。

買包是很花錢的，所以**對成年女性來說，包包也代表地位**。也有許多女性，把獲得夢想中的名牌包，當做自己努力工作的犒賞。這種女性不少，比把包包當配件的人還多。因此，「包包不是配件，而是必需品」，可以做為女性買包包的藉口。可以說，女性對包包的想法，**跟男性對手錶*的執著類似**。

從包包可以看出生活方式與性格

我們可以從女性選擇的包包，來推測她的生活方式、心理狀態及性格。不管到哪裡都帶高級名牌包的人，可能是缺乏自信，想用名牌來補償（詳見➡第九〇頁）。**愛用帆布背包的人，可能是積極主動、好戰的類型**。

相對於包包中物品的量，**包包顯得太大的人，可能是廣泛性焦慮症**（Generalized Anxiety

***手錶**　對男性而言，手錶是能夠表現自我的配件。戴高級名牌手錶，是想表現自己是特別的人物。戴時尚名牌錶的人，對流行敏感、有品味。重視手錶功能性的人，冷靜、思考合邏輯。重視自己的世界的人，可能會愛用懷錶等有個性的錶。

Disorder，簡稱 GAD）、**有點馬馬虎虎**。會買這麼大的包，是因為「大包能裝大東西，也能裝小東西」這種粗枝大葉的想法。而**喜歡小包包的人，可能是想宣告自己的女人味**，她們會把寫有品牌名稱的小紙袋當做附屬包，東西裝不太下時，也不想換比較大的包包。

喜歡包包有很多隔層、收納口袋的人，對實現夢想、體驗未知世界的需求很強烈。因為在心理學中，口袋代表「夢想」。不過，以好整理為理由而選擇這種包包的人，可說相當實際。

從包包看心理

對女性來說，包包是服裝的一部分，也是表現自己的重要工具。也就是說，包包暗藏深層的心理狀態。

用大包包裝少少的東西

▶廣泛性焦慮症
▶做事不得要領
▶不擅長整理東西

並用奢華的包包與印有品牌名稱的紙袋

▶一絲不苟
▶重視時尚
▶宣告自己的女人味

大包包內的東西裝到快要滿出來

▶內心不安
▶煩惱多

任何場合都愛用帆布背包

▶積極主動、好戰

服裝風格經常改變的人

頻繁改變服裝風格，是沒自信的表現

自己的理想形象還不固定

有些人的服裝喜好與髮型千變萬化，尤其是女性。一般認為這些人是對流行敏感、有品味；但心理學上的解釋略有不同。

服裝往往投射（詳見➡第八二頁）**出自己期待的自我形象**。也就是說，會穿這樣的衣服，是因為「希望別人這麼看我」、「希望我成為這個樣子」。例如，選擇花俏的衣服，未必是因為自己開朗有活力，而是想讓人認為自己「開朗、快樂」。其實後者可能占大多數。

對自我形象的期待，本來不會那麼頻繁改變。

服裝風格變化多端的人，可說是因為自我形象＊（Self-image）**仍模糊不清**。尤其從千金小姐風變成辣妹風，這種形象一百八十度的轉變，可能如實表現了當事者內心的不穩定。這種人在潛意識中，覺得現在的自己並不理想，於是想用外貌的大幅轉變來補償。不過，只有外在變了，並未努力改變內在，很快又會走到瓶頸；然後又繼續改變服裝風格，周而復始。

心中有方向的人，該關心的應該是內在，而非外在吧！

＊**自我形象** Self-image，心理學也稱為「角色效應」（Role Effect）。指經過長時間所形成的對自己的感覺與想法。

不在意服裝的人

有些人對服裝沒興趣，認為衣服只要能保暖就好。這類人幾乎不在乎他人對自己的看法。其中**有些是對現狀很滿足；有些是因為自尊心極低，才在人前表現出排斥打扮的樣子**；有些可能是因為忙碌、貧困或生病等，無力去管自己在他人眼中是什麼形象。

用服裝管理形象

自我形象尚未確立的人，會依照服裝的氛圍來期待角色效應，扮演不一樣的自己。

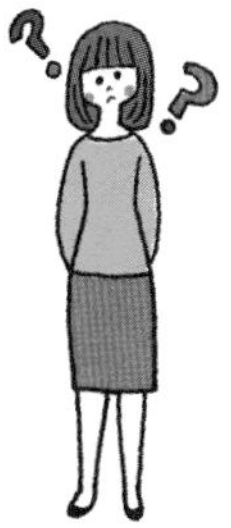

保守風格

壓抑自己的主張，表現出千金小姐的氣質。

蘿莉塔風格

成人的少女裝。給人小惡魔、天真爛漫的印象。

前衛風格

扮演前衛、對流行敏感的人。

休閒風格

表現出崇尚自然的樣子。屬於安全的風格。

優雅風格

展現出不追隨流行、高尚、成熟的風格。

戶外風格

宣告自己是活躍的行動派。

內衣從「隱密的」變成「誘人的」

過去，內衣應該是看不見，也不能讓人看見的東西。第二次世界大戰後，日本國內開始生產胸罩，因為強調歐美式的美麗身體曲線，胸罩也進入日本女性的生活中。一九七〇年代，歐美的內衣在日本漸漸普及，但顏色只有白色和膚色，款式也很單純。

但從一九九〇年代後半起，原本被忽略的內衣開始受重視，尤其女性開始講究內衣了。

年輕女性注重內衣，是因為在意男性。不過，隨著對內衣愈來愈講究，加上要對男性展示，內衣成為女性自我的美感需求。因此，年輕女性對內衣的選擇非常用心。現在對內衣的講究，若以馬斯洛需求層次理論（Maslow's hierarchy of needs）來說，可說已達到尊重需求（Esteem Needs）的階段（詳見➡第一一〇頁）。

細肩帶背心原本也是內衣的一種，但現在，當外衣穿已是司空見慣的事。到了夏天，穿著細肩帶背心在街上昂首闊步的女性，對減肥、塑身又更加斤斤計較了。

第3章

真心話藏在動作與態度中

1

對方打開心房了嗎？

對方若對你有好感，就會打開心房。這樣的心理，可從對方的動作看出來

身體的方向

從對方的身體是否朝向著你，就可知道他對你是否有好感。

打開心房

對某人有興趣時，會把身體朝向他。若是朝他前傾，一般認為是對他非常有興趣。

緊閉心扉

身體方向有些偏離對方。如果臉明顯背向他，就表示對他一點興趣也沒有，或是討厭他。

個人空間顯示出的態度

人對他人採取的態度、感覺及信任關係，都會表現在個人空間（詳見➡第一〇九頁）上。

打開心房

不討厭靠近對方

如果你位於伸手就能觸及對方的距離（個人距離，Individual Distance），對方也沒有表示不快，可能是他對你有好感。

對方碰觸你的
身體，你也不覺得討厭

對方碰觸你的頭或肩膀，你若覺得高興，就表示對他有好感。對方也是因為對你有好感，才會碰觸你。

緊閉心扉

與對方說話時，
保持一定的距離
不要靠
近我！

與對方站著說話時，非保持一定的距離不可，就是為了避免與他更親近。

避開對方的
碰觸
別碰我！

被對方碰到時，稍微挪動身體躲開，或拂去他的手，顯然是討厭他。

坐下時，手腳的狀態

觀察對方坐著時手腳的狀態，就可知道他是否對你敞開心房。

打開心房

表示對方接受你。

男性坐下時雙腿張開，是向對方敞開心房的證據。

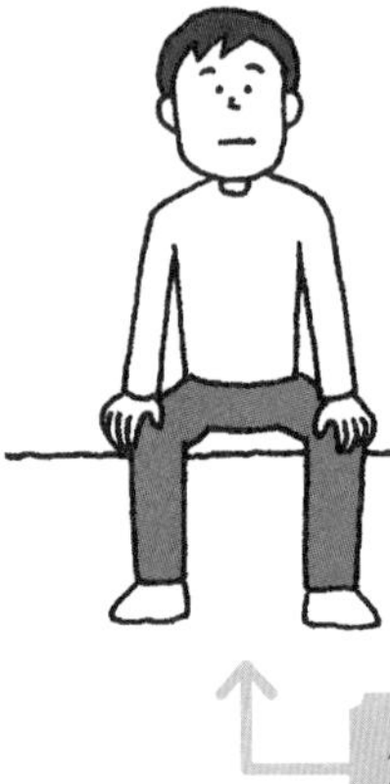

雙腿自然張開。

緊閉心扉

環抱雙臂被認為是拒絕（自我防衛，Self-defense）的姿勢，表示並未打開心房，拒絕讓對方進入自己的心中。

在椅子上站站坐坐，不停換邊蹺腳，一副心神不寧的樣子，表示想快點結束談話。

對方的反應也依點頭的方式而不同

能否巧妙地讓對方打開話匣子，跟點頭表現的方式（詳見➡第一一〇頁）有關。

讓對方滔滔不絕

擅長附和

仔細聆聽對方說的話，有技巧地幫腔，適度點頭，對方也會表現得興味盎然。

令對方不快

點頭過度

不管談話的內容為何，一律點頭如搗蒜，表示希望快點結束談話。此時應該也是一臉厭煩。

外表 TOPICS

模仿對方的動作是好感的表示？

興趣、思考方式類似的人有互相親近的傾向，稱為「類似性法則」（詳見➡第二一四頁）。就算原本與對方關係生疏，也可以運用這項法則，試著找出彼此的共同點，如出生地、家庭結構、興趣等，或許可以使溝通順利。。

另外，也可以從最簡單的模仿開始。試著模仿對方的動作，對方喝咖啡，你也喝咖啡；對方蹺二郎腿，你也蹺二郎腿。發現共同點，就能產生親近感，這在心理學中稱為同步性（Synchrony）。

2 心理距離＝物理距離？

有些人不喜歡別人進入自己的個人空間，有些人則否

什麼是個人空間？

人對他人採取的態度、感覺及信任關係，都會表現在**個人空間**＊（Personal Space）上。個人空間是指在**自己周圍、拒絕他人侵入的心理空間（心理距離）**；也就是自己感受到的私人空間。他人進入個人空間時，我們有時會感到愉悅，有時會感到不快。反過來說，也就是**我們會依據自己與對方的關係，調整距離（物理距離）與態度**。

美國文化人類學家愛德華・霍爾（Edward Hall）依據溝通的種類，把人際關係的距離分為四類（如左頁圖）。首先是**親密距離**（Intimate Distance），在伸手可及的範圍內，只允許極親密的人進入，討厭的人若進入這個空間，會感到極度不悅；喜歡的人進入這個空間，就會感覺到彼此的親密。

個人距離（Personal Distance）指能看清對方表情的距離，是很普通的朋友或職場同事的人際關係所需的距離。所有的人際關係中，這種距離的關係可說占最大部分。在個人距離內，能敏銳察覺到對方的態度。

你與對方的距離是太近還是太遠，可以從對方的態度看出來。對方若一臉不高興，就表示你可能威脅到他的個人空間了。

＊個人空間　非語言溝通（詳見➡第二〇頁）的一種。霍爾把這種劃分身體空間的人類行為稱為人際距離學（Proxemics）。

個人空間與態度的變化

人會在不知不覺中，依據自己與他人的親密程度，和不同人保持不同的心理距離。這就是個人空間。

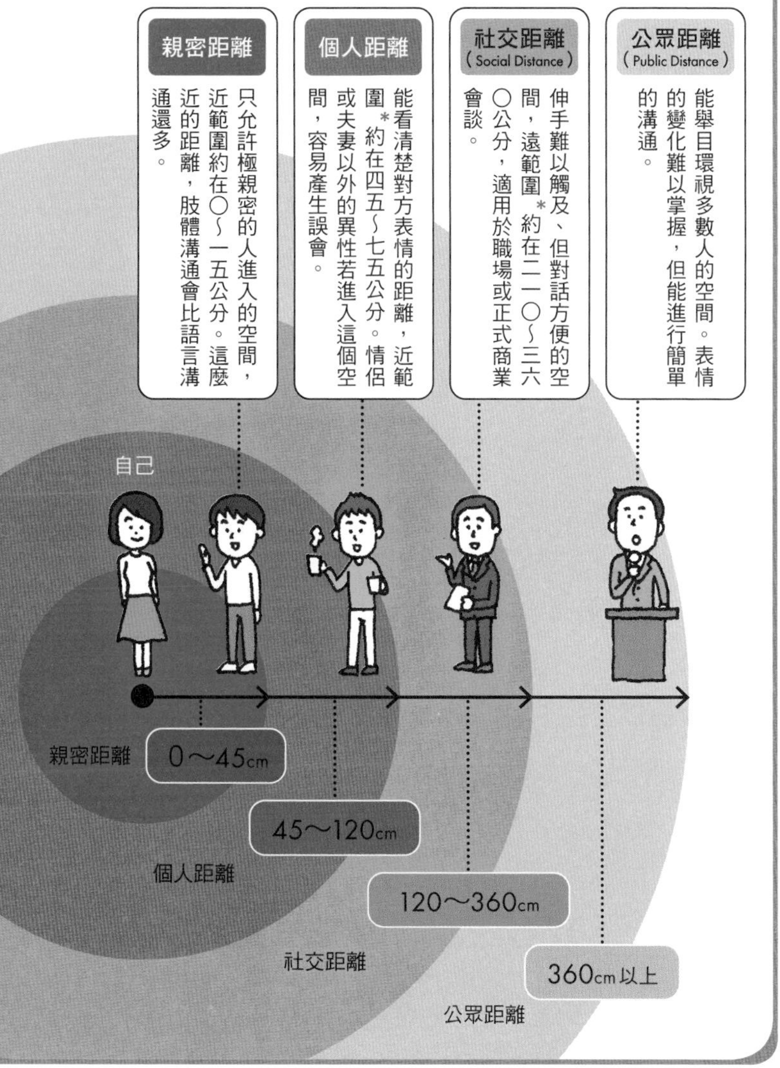
親密距離
只允許極親密的人進入的空間，近範圍約在〇～一五公分。這麼近的距離，肢體溝通會比語言溝通還多。
個人距離
能看清楚對方表情的距離，近範圍*約在四五～七五公分。情侶或夫妻以外的異性若進入這個空間，容易產生誤會。
社交距離
(Social Distance)
伸手難以觸及、但對話方便的空間，遠範圍*約在二一〇～三六〇公分，適用於職場或正式商業會談。
公眾距離
(Public Distance)
能舉目環視多數人的空間。表情的變化難以掌握，但能進行簡單的溝通。
自己
親密距離
0～45cm
45～120cm
個人距離
120～360cm
社交距離
360cm以上
公眾距離

*近範圍、遠範圍　霍爾把四種個人空間又進一步各分為近範圍與遠範圍。例如親密距離的近範圍是身體能緊貼在一起，遠範圍則為伸手可及的距離。

3

點頭能使對話順利

點頭能滿足對方的自我肯定感，讓人打開話匣子

點頭滿足了社會承認需求

與人對話時，我們會在不知不覺中時而歪頭，時而點頭。尤其是「**點頭**」這個動作，在心理學上有重要的意義。

美國心理學家馬特佐拉（Joseph Matarazzo）的實驗證明，**光憑點頭，就能提高說話者發言的意願**。這個實驗是在實際的公務員面試時進行。面試時間總共四十五分鐘，分成三段，每段各十五分鐘。第一階段採取自然的應答，第二階段在應徵者說話時頻頻點頭，第三階段採取自然的應答。結果發現，第一階段結束，進入第二階段時，應徵者的發言量增加五成，到了第三階段，發言量再度減少。

從這個實驗可知，對方光是點頭，就能讓發言者侃侃而談。也就是說，**點頭能夠滿足發言者的尊重需求**＊，也就是**能滿足自我肯定感**＊。這在心理學中也稱為**社會承認需求**。

心理諮商領域也運用了這種心理現象。面對為心理疾病所苦的人，首先必須傾聽他說話。在聆聽時一邊說「嗯」一邊點頭，當事人覺得得到認同，才會卸下心防。此外，點頭也有讓對方放鬆的效果。

＊**尊重需求**　馬斯洛的需求層次理論中，基本需求的最高層即為尊重需求。指希望自己被視為有價值、被稱讚、受人尊敬的需求。

點頭時機不對，會引起對方不快

但也不能不管話的內容或對話節奏，只一味點頭。點頭的時機不對或過多，就成了「沒興趣」或「覺得無聊」的訊號。此外，若連續點頭三次以上，可能會讓對方覺得，你的點頭「只是社交辭令」。總之，**點頭時要注視著對方的眼睛，而且要在適當的時間點**。請大家在平常對話時就練習看看。

馬特佐拉的「點頭」實驗

馬特佐拉的點頭實驗證明，聆聽者若是點頭，會使說話者產生發言的意願。

實驗　在公務員考試的面試會場，每人面試四十五分鐘。

1 自然的應答

2 點頭

（15分鐘）

發言量約增加五成

3 自然的應答

（15分鐘）

發言量恢復原狀

結果　點頭滿足了應徵者的社會承認需求。

＊自我肯定感　接受原本的自己，不只優點，也包含缺點，認為自己是不能被取代的感覺。有了自我肯定感，才能不依靠他人評價，擁有穩定的自我認同。

4

吐舌、舔嘴唇

伸出舌頭讓對方看到，可能是因為對他有好感

伸舌頭是善意的表示

有些人會在失敗時**吐吐舌頭**，周圍的人即使認為這樣很「孩子氣」，但真的會為這種動作發脾氣的人應該很少吧！不知為何，這種動作還讓人覺得有點親切感。實際上，旁人會把吐舌視為在撒嬌，等於在說「要原諒我喔」。

小孩子常邊說「ㄌㄩせ～」，邊手拉眼瞼吐舌頭*。這是代替「好討厭喔」、「很遺憾」等話語的手勢，也就是「拒絕」的意思。只是，**這樣的拒絕方式，感覺上還包含了親密與友好**。

舌頭看起來有點怪異，所以通常不會露出來讓人看。會想露出來，**可能是因為對對方沒有戒心，所以願意讓對方看見原本的自己，是表示善意的意思**。

舔嘴唇是因為緊張

有人會**習慣性地舔嘴唇**。當然，有時是因為嘴唇乾燥；但如果不是這個原因，就有可能是因為緊張。人緊張時，交感神經受刺激，抑制了唾液分泌，導致嘴唇乾燥，才會去舔嘴唇。

人有時會**因為緊張不安，想稍微緩和壓力而舔嘴唇**。根據佛洛伊德的**性心理發展理論***（Psychosexual Development），口腔是最初體驗

＊手拉眼瞼吐舌頭（あっかんべー、あかんべ） 用食指把下眼瞼往下拉，讓人看見裡面紅色的部分（譯注：日文原稱赤い目〔あかいめ〕，後來發音逐漸從あかいめ變成あかんめ→あかんべ→あっかんべー）。這個手勢據說是從平安時代開始的。

快樂的起源（**口腔期**〔Oral Stage〕），吃手指據說也是此時期的**替代行為**（Substitute Behavior，詳見⬇第一五〇頁）。也就是說，原本想滿足某些需求，但因故無法滿足時，可由觸碰自己身體的某部分而感到安心，這也叫做**自我親密**（Self-intimacy）。**用指尖碰觸嘴唇**，也是為了壓抑不安、恢復內心平靜的自我親密表現。

咬嘴唇的人可能是在壓抑攻擊需求，這時最好不要隨便地接近他。

舌頭、嘴唇的習慣動作

嘴位於臉的中心，所以它顯露的習慣動作會特別引起對方注目。這些動作中有哪些意識在運作呢？

吐舌

對對方抱持善意。雖表示「拒絕」，但並不討厭對方。

舔嘴唇

緩和緊張不安。

手碰嘴唇

想壓抑不安的心情，恢復平靜。

咬唇

壓抑攻擊需求

＊**性心理發展理論**　促進性能量（Libido，原欲）發展的基本趨力，分成口腔期（出生後～未滿一歲）、肛門期（Anal Stage，一～三歲左右）、性蕾期（Phallic Stage，三～五歲左右）、潛伏期（Latent Stage，五歲～青春期）等階段。

5 手跟嘴巴一樣會說話

把手藏起來，表示拒絕與警戒。用手碰觸臉的某個部分，是自我親密行為？

表示拒絕、警戒心的手勢

若想知道對方對自己的想法，跟他說話時，可以試著注意他的手部動作。

如果對方**把手放進口袋，在心理學中，是拒絕接近的訊號**；尤其單獨面對面時，是心情不想被了解的表現。就像「縮手」、「袖手」、「不露身手」（譯注：日文原文意思是「把手心藏起來」、「不讓人看到手」，都是不想讓真心或祕密外露的意思）等用語，人在不安、沒自信或有事隱瞞時，會不自覺地把手或手心藏起來。兩手放在腰後，也是同樣的心理。

環抱雙臂也是防禦、拒絕的姿勢（防衛性地環抱雙臂＊）。這個姿勢會讓周遭產生難以接近的印象，覺得這個人尚未敞開心扉。**平時就經常雙手抱胸的人，有警戒心強、自我中心的傾向**；也可說是潛意識中害怕受傷、纖細敏感的人。緊握雙手也是拒絕的姿勢。

相反地，敞開心扉時的動作是雙臂張開向前伸出（詳見⬇第一〇六頁）。雙手攤放、手指張開時，也是放鬆、接受對方的狀態。雙手輕握應該也表示接受對方，兩人可以繼續對話。

＊**防衛性地環抱雙臂**　環抱雙臂是拒絕他人侵入的防衛性動作，但有人環抱雙臂是為了炫耀自己的強大，屬威嚇性質；也有人環抱雙臂是希望有人陪在身邊的自我親密行為，屬安慰性質（請見左頁圖）。

表示拒絕、警戒心的姿勢

把手藏起來、環抱雙臂，都表示拒絕與警戒心。

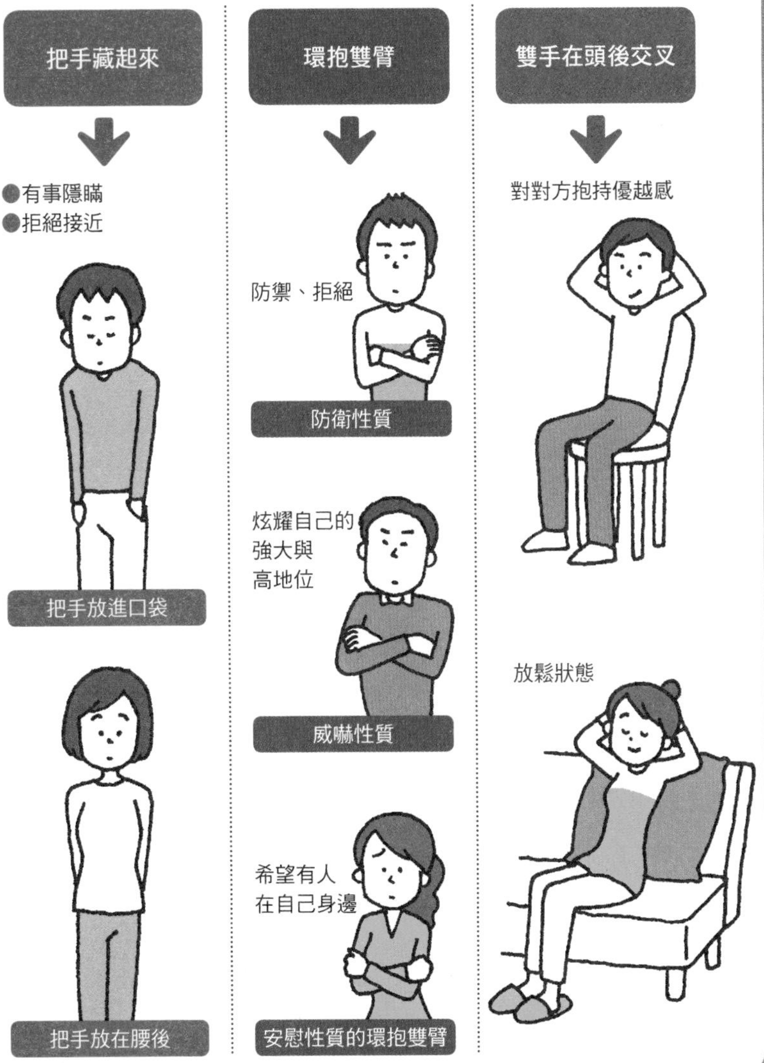

那麼，**雙手在頭後交握**是什麼意思呢？在心理學中，**這是對他人抱持優越感的姿勢**。不過，若是獨處時這麼做，則表示現在很放鬆。

手碰觸身體某處的心理

本書的第一一二～一一三頁提過，人在緊張不安、感到壓力時，會以碰觸嘴唇等**自我親密**（Self-intimacy）**行為**＊來緩解。每個人所做的自我親密行為不同，表現出來的習慣也不一樣。

有些人習慣性地碰觸嘴巴附近，如嘴唇、下巴。如前所述，**觸碰嘴唇可能是為了壓抑不安感**、**保持平靜**。**摸下巴是防禦的訊號**，一般認為是想保護自己，以防對方的言語攻擊。也有人會在慎重考慮自己的發言時，習慣性地觸摸下巴。

說話時用手掩嘴的習慣，似乎以女性居多。感到不安時，許多人會不知不覺地捂住嘴。這也可以說是**不願表露自己內心與真心的表現**。

聽人說話時**摸鼻子**，據說是覺得對方的話很可疑。相反地，邊摸鼻子邊說話，表示有可能在說謊。因為一般來說，**鼻子是象徵自我意識**（Self-consciousness）**與自尊心的部位**。

許多女性都有**摸頭髮的習慣**。把頭髮纏繞在手指上，或做類似整理頭髮的動作，**是因為感到不安**、**想要獲得依靠**。在心儀的人面前做這樣的動作，大部分應該是為了舒緩緊張的情緒。在意心儀對象對自己的想法時，也會去摸頭髮；這種情況下，可能表示她對眼前的男性有好感。相反地，在男性面前以索然無味的表情摸頭髮時，表示她覺得煩悶無聊。也就是說，連同表情一起觀察，就能理解對方的心理。

＊**自我親密行為**　人在感到不安或受驚嚇時，會想與信任的人接觸。但若此時沒有這樣的人，為了讓自己比較安心，就會觸摸自己的身體，想得到暫時的親密感。

以手碰觸身體的心理

跟人對話時，有些人非得碰觸自身的某個地方不可。這可以說是一種自我親密行為。

碰嘴唇

為壓抑不安感，保持平靜。

以手掩口

不想表露自己的內心、不想讓他人知道自己的真心。

摸下巴

想保護自己，以防對方的言語攻擊，或正在慎重考慮自己的發言。

摸鼻子

聽人說話時

對對方的話感到懷疑。

自己說話時

可能是在說謊。

摸頭髮

感到不安、想要依靠，或覺得煩悶無聊。

拉扯頭髮

感受到強烈的壓力或不安。多為自我中心、完美主義者。

而拉扯頭髮或拔頭髮，並非自我親密行為，反而可能是**自我傷害***（Self-harm）。自我中心、完美主義的人為強烈壓力或不安所苦時，有時會出現這種舉動。

手指的動作也要注意

我們可以觀察他人在單獨思考問題，或與人對話時，手指有什麼動作。是否雙手交握？用指尖敲桌子？或者動個不停？這些手指的動作都表露了人的心理（詳見⬇第一一七、一一九頁）。

外表 TOPICS

為什麼日本女性笑的時候會掩住嘴巴？

有些女性笑時習慣掩住嘴。典雅、婉約的古代女性這麼做是理所當然的，有些女性可能也是為了讓人覺得自己很優雅，才會這麼做吧！不過在外國人眼裡，這種習慣似乎很奇怪。也就是說，這種習慣動作好像是日本女性特有的。

關於掩住嘴巴笑的起源，有一說是來自染黑牙齒的習俗。日本自古就有把牙齒染黑的風俗，直到明治時代為止。尤其江戶時代，已婚女性染黑牙齒相當知名。這種風俗是社會強制的，女性似乎並不喜歡。所以在笑的時候，會不自覺地掩住嘴巴，漸漸成為習慣。

從外國人的角度來看，可能會覺得「為何不大大方方地笑」。但這樣的習慣已經超越時代傳承下來，即使現在有很多人已經不知道染黑牙齒的習俗了。

***自我傷害**　有意識或無意識地傷害自己身體的行為。用刀具切割身體（割腕等）、打自己、捶牆、火燒皮膚、折骨頭、把自己咬到出血、拔頭髮等。

膝上或桌上的手部動作

手看起來像是不經意地放在桌上，但其實正表現出當時的心理狀態。

雙手輕握

平常心。對方也可以繼續一般的對話。

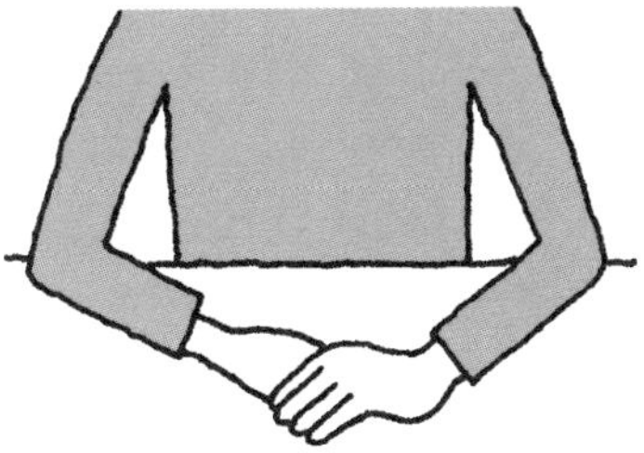

雙手攤放、手指張開

放鬆的狀態。願意接受對方。

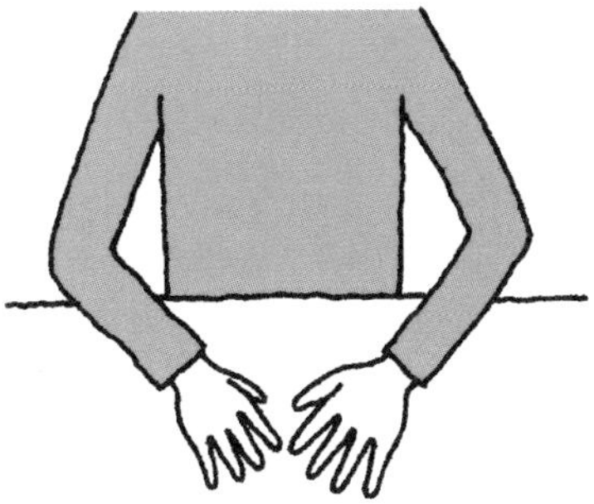

握緊拳頭

拒絕的訊號。不想聽對方說話的樣子。

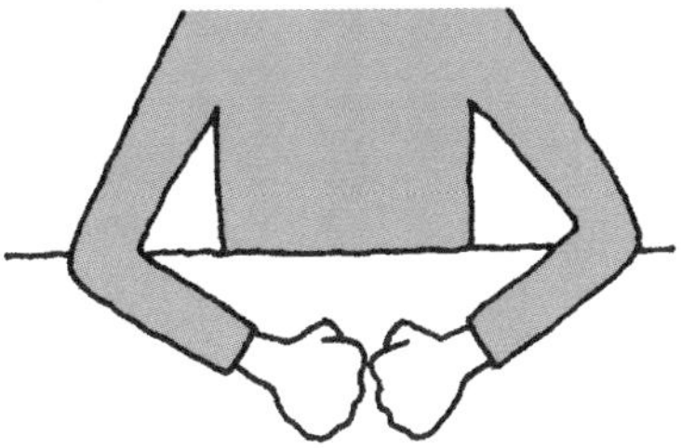

手動個不停

雙手十指交握時，表示正全心動腦思考。

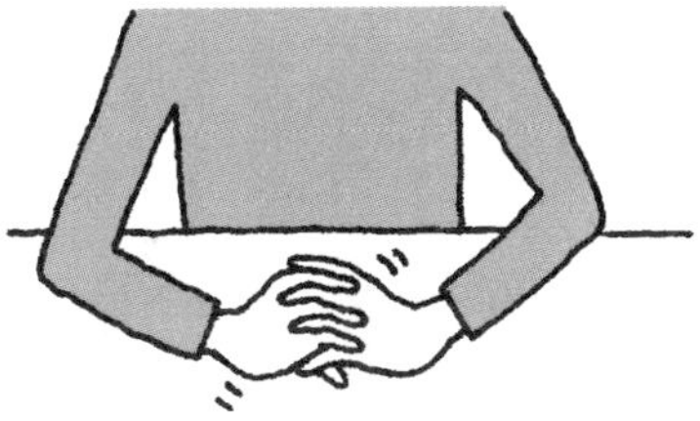

用手指敲桌子

為對方的話而心煩，或是為自己而心煩。

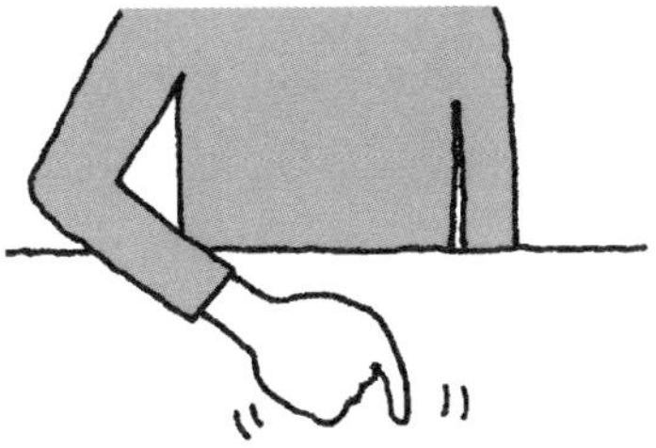

6 腳的動作騙不了人？

人的目光幾乎不會觸及腳。正因如此，腳更能顯露真心

雙腿併攏坐著是警戒的姿勢

與人接觸時，第一眼看的應該是臉，其次是手，很少會看到腳。**大多數人也不會注意自己的腳，因此，腳經常顯露出潛意識***（Unconscious）**中真正的心情**。換句話說，腳或腳尖的動作容易表現出人的真心，很難騙得了人。

坐在椅子上時，你的雙腿是否併攏？或者是交叉？若是**併攏**，感覺上態度恭敬，但是與對方有距離，並有所警戒，**也可能是表示不希望他人闖入自己的空間**。

男性坐下時雙腿大開，表示對對方是開放、友善的態度。不過，在捷運、火車等公共場所，不顧他人困擾而雙腿大開的人，驕傲自大，但其實是個膽小鬼。正因為膽小，所以要過度放大自己、威嚇周遭。

女性很少在坐時雙腿大開。**坐時稍微張開腿的女性屬於大剌剌、心胸開闊的類型**。

無論男女，**坐時腳向前伸長，可能表示對談話不感興趣，覺得很無聊**。另外，做事不認真，想敷衍了事時，也會出現這種坐姿。

有些女性在雙腿併攏坐時，**會將雙腿斜放**。這是因為她們意識到，這種坐姿能強調自己的美腿。也可說她們是**自我意識過剩***（Extreme Self-

***潛意識**　被稱為實驗心理學之父的德國心理學家威廉・馮特（Wilhelm Maximilian Wundt）重視「意識」層面；奧地利精神科醫師佛洛伊德則重視「潛意識」層面。佛洛伊德的「潛意識」被稱為二十世紀最重要的發現，他認為潛意識是容納被壓抑的記憶與衝動之處，榮格則認為潛意識有更廣泛的意義。

坐下時，雙腿是併攏或打開？

坐下時雙腳張開，應該是對對方持開放態度；併攏的話，則是相當緊張。

坐下時雙腿併攏

警戒的姿勢。表示不希望有人闖入自己的空間。

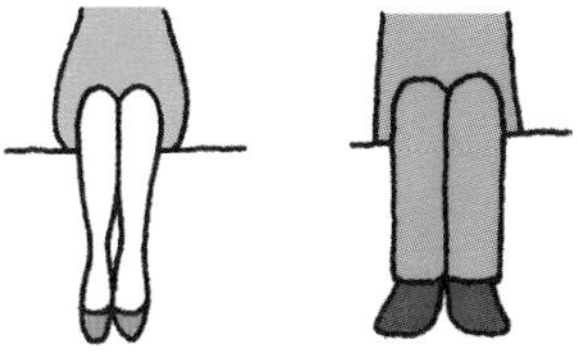

腳向前伸出

對談話不感興趣，覺得很無聊。或做事不認真，想敷衍了事。

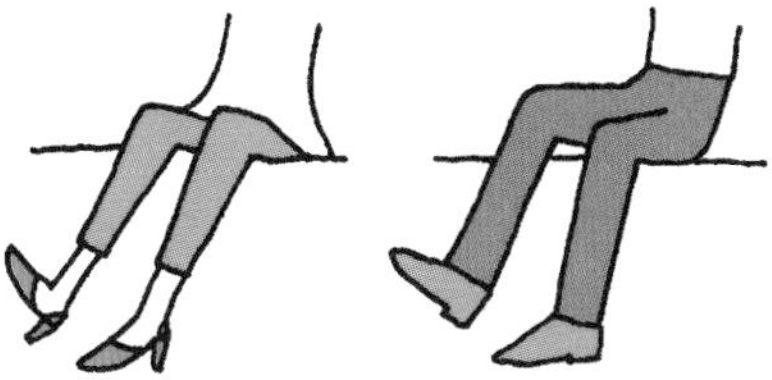

坐下時雙腿大開❶

對對方持開放態度，表示善意。

坐下時雙腿大開❷

驕傲自大，但其實是個膽小鬼，所以過度放大自己、威嚇周遭。

雙腿斜放

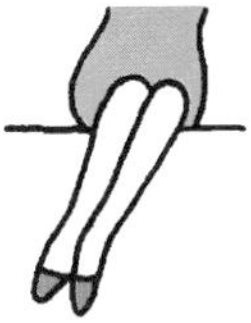

意識到這種坐姿能強調自己的美腿。自我意識過剩、自傲。

腳踝交叉

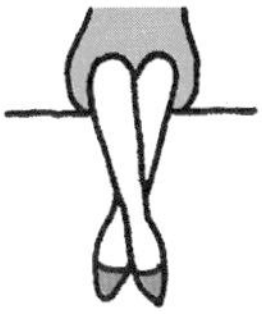

對周遭不在意、幼稚、浪漫主義、愛幻想。

膝蓋以下呈八字形

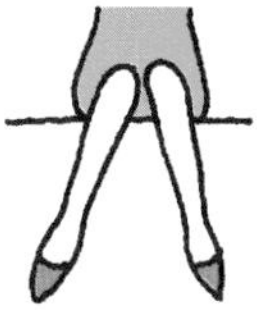

工作時活力充沛、表現出色、有上進心的女性。能清楚表達自己的意見。

雙腿稍微張開

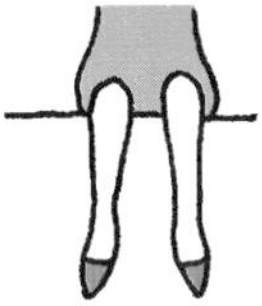

大剌剌、心胸開闊的性格。

consciousness，譯注：將自我存在感過度放大、過度關注自己的心理情況。當覺得有人在注視自己時，因而產生彆扭、害羞、難為情等情緒的不自然存在感，這種感覺就是自我意識過剩）、**自傲的女性**。

許多女性的坐姿是腳踝交叉，或膝蓋併攏、膝蓋以下呈八字形。前者大都不太在意旁人、幼稚，同時也是浪漫主義者、愛幻想；後者多為工作時活力充沛、表現出色、有上進心的女性，且能清楚表達自己的意見。

蹺腳表示放鬆？

坐時蹺腳可能是放鬆，也可能是有不安或煩惱的事。頻繁換邊蹺腳可能表示感到無聊，想轉換心情。

女性在男性面前蹺腳，可能是希望對方對她感興趣；換邊蹺腳時若特別賣弄風情，更有這種可能性。上方的腿若晃來晃去，是想調戲、誘惑對方的訊號。這樣的女性往往被認為在性方面較積極開放。

蹺腳時哪隻腳在上方，也可看出不同的心理狀態。左腳在上的人積極、開放，有自說自話的傾向。右腳在上的人可能略微內向，對任何事都相當克制。

抖腳是為了緩和壓力

抖腳*也是表示不安或緊張的動作。據說腳的振動傳達到腦神經，具有緩和緊張與壓力的效果。也就是說，這種動作通常出現在人們感到緊張或不滿時。

一旦開始抖腳，周圍的人就會感到不快，本人

＊**抖腳**　膝蓋微微晃動。成了習慣動作後，除非他人指出，通常自己不會察覺。據說是因為很像窮人因寒冷而發抖的樣子（譯注：日文原文意思為「貧窮的搖晃」），才有此名稱。

內心也會感到緊張與壓力。從這一點來看，抖腳不只表示不愉快的情緒，或許也讓本人產生多餘的心力去思考緊張不安的原因。

對話時，**膝蓋或腳尖若是對著對方，表示對對方有好感，或對談話興味盎然**。相反地，膝蓋或腳尖若是偏離對方，則表示拒絕對方，或對談話興趣缺缺。

女性在男性面前蹺腳

女性在男性面前蹺腳，證明她注意到對方。

在男性面前蹺腳

希望對方對自己感興趣。

換邊蹺腳

向男性散發性吸引力。

把蹺腳的鞋脫掉

上方的腳晃來晃去，是想調戲、誘惑對方的訊號。這樣的女性，可說對性方面比較積極。

7

肢體語言誇張的人

熱烈地想要表達的人與擅長自導自演的人，肢體語言比較誇張

手勢比語言有說服力

跟歐美人士近距離接觸過，被他們誇張的肢體語言嚇一跳的人應該有很多。也許因為跟日本人的島國民族性不同，他們的手勢*（gesture）是日本人幾乎沒看過的。似乎也有日本人認為浮誇的手勢很丟臉。

日本人確實不喜歡在對話或簡報時摻雜手勢。但不可否認，**在某種意義上，手勢比語言有說服力**。美國心理學家麥拉賓提出的**麥拉賓法則**（詳見➡第二一頁）也證明了**視覺因素的重要性**。

麥拉賓進行實驗，研究當語言訊息、聽覺訊息、視覺訊息互有矛盾時，人會先接受哪種訊息？結果發現，影響訊息傳達的各種要素中，視覺要素（外表）占百分之五十五，聽覺要素（聲音）占百分之三十八，談話內容占百分之七。結論是，視覺訊息是讓對方感興趣的第一要素（不過，這個比例不見得適用於所有場合）。

自我主張強，也擅長自導自演

肢體語言誇張的人，會讓人覺得他活潑大方。他們會非常熱烈地想表達某件事，也就是**自我主張很強**。自我主張的強烈再加上手勢，能夠吸引周圍的人，增加說服力。同時，他們也有**感情表**

＊**手勢**　即比手畫腳，是非語言溝通（詳見➡第二〇頁）的方式之一。對話中摻雜手勢，對理解、記憶，都有幫助。

達豐富、聲音大的特徵。肢體語言誇張的人，或許是在不知不覺中體會到引起周圍注目的方法。

他們雖擅長自導自演，但卻不擅長理解對方的情緒，也不注意細節。打電話時看不見對方，但也一樣比手畫腳的人，屬於熱中談論自己、不在意他人的性格。

日本人中，害羞*的比例相當高，但其中也有看起來肢體語言誇張的人。

肢體語言不明顯的人，不喜歡拋頭露面，性格消極；也可說自我表現較少，往往聽從對方的意見。

日本人不擅長使用手勢？

雖然一般認為日本人不擅長做手勢，但我們還是要好好利用手勢的效果。

歐美人手勢誇張

即使不說話，也能用手勢表達。

日本人不擅長使用手勢

簡報時只會看著資料念出來，無法將訊息完整表達給對方。

＊**害羞**　羞愧、害臊。對他人如何看待自己感到不安，在人際關係中自我意識較高、情緒緊張。很害羞的人，往往自我意識過剩。

吸引人的手勢

那麼，當有事要表達時，要用什麼樣的肢體語言才會有效呢？

點頭（詳見⬇第一一〇頁）、**眼神接觸**（詳見⬇第四八、五〇頁）、**笑臉**（詳見⬇第四〇、四二頁）都是有效的肢體語言。簡報時，當說到「有三個要點」時，可以伸出三根手指；跟朋友說「有一隻這麼大的狗」時，可以用雙手比出狗的大小。如此，更容易表達你的意思，也會讓對方留下印象。

決定二〇二〇年夏季奧運舉辦都市的**簡報**＊會場上，「日本隊」的表現獲得很大的迴響。因為他們在簡報時有誇張的手勢，發表時笑容可掬、態度大方，簡直令人無法想像是日本人。對於「**日本人也能這樣表達感情**」，據說JOC（譯注：日本奧委會）委員也十分驚訝。由於這場簡報的成功，日本奪得東京奧運的主辦權。

手勢還有一個好處，就是可藉由活動身體，緩和說話者的緊張。不過，**太快或太瑣碎的動作會給人不穩重的印象**。在對方面前匆匆忙忙地指手畫腳，可能反而無法讓對方把講話內容記在心裡。做手勢時要自然、不疾不徐、小心謹慎，才會有效果。

＊**簡報**　「Presentation」是「表現」、「提出」等意思。簡報的目的是向一個以上的人表達自己的創意、計畫或資訊。擬定計畫者、報告者稱為簡報者。

有效與無效的手勢

有效的手勢，能讓對方理解並留下印象；無效的手勢，會讓對方困惑或感到不悅。

有效的手勢

Yes, We can!

●講到想強調的重點時加上手勢

今年的銷售額
有成長

●做出表示變化的手勢

有這麼
多人

●用雙手比較有效

你不覺得
嗎？

●眼神接觸與笑臉很重要

別提我有多高興了

●表現感情

無效的手勢

●心神不定的表情
●眼睛沒笑

動作匆匆
忙忙

●說的話和手勢不一致

●動起來……

拍手能表達心情，是全世界共通的手勢

同樣的手勢，可能因國家不同而有不同的意義。例如日本每個人都會做的和平手勢（豎起食指與中指），若是手背朝向對方，在英國就像比中指一樣，成了侮辱的訊號。對人招手時，日本人是手掌向下擺動，美國、英國人則是手掌向上，手指向自己的方向彎曲。因此，在日本視為常識的手勢，在國外有許多是不適用的。

不過，拍手是全世界共通的手勢。看到高超的演技、比賽中支持的隊伍得分、畢業典禮上學生退場時，我們應該都會拍手。拍手有「太厲害了」、「感動」、「已經很努力了」、「謝謝」、「辛苦了」等意義。也就是說，人會用拍手來表現友好與善意。

人為何會用拍手來表達友好與善意呢？雖然沒有明確的證據，但拍手的「劈劈啪啪」聲肯定會讓人心情愉快。

第4章

真心話藏在動作與態度中

口頭禪 1

其實我……

自我揭露滿足對方的尊重需求

如果對方說出「**其實**」這兩個字，可能正準備要告訴你真心話。這兩個字可說是**要對人敞開心胸的開場白**。他也許是要告訴你私人的事，或是要坦率地說出祕密。無論在工作場所或居酒屋，只要有人開口說出「其實」這兩個字，總會令人興致勃勃，不由得探身向前。

敞開自己的心扉，在心理學叫做**自我揭露**（詳見⬇第八〇頁）。因為信任對方，才可能對他自我揭露。此外，也表示對對方有好感。

對方毫不隱瞞地說出祕密，從聽者的角度來看，會覺得他「信任、肯定自己」，**尊重需求**（詳見⬇第一一〇頁）因此而滿足。

此外，聽者也會覺得「對方信任我，我也能對他坦白說出祕密」。這種心理狀態稱為「**互惠規範**」*（Norm of Reciprocity）。也就是當接受他人的某種好處，就應有所回報的心態。

「不要說出去」背後的自我表現欲

「不要說出去」是跟「其實」類似的話。一旦有人說這句話，幾乎所有人都會開始低聲細語。說這句話雖然是為了吐露祕密，但這句話的背後，也藏有不負責任的**自我表現欲**（Self-exhibition，詳

*** 互惠規範**　受了他人的好處（禮物等）就一定要回報的心情。商場上也有「滴水之恩，湧泉以報」的戰術。

見⬇第一三八頁），也就是希望別人對自己的話感興趣、更看重自己。平時不太受注意、在競爭中落後的人常有這種口頭禪。

如果聽了祕密的人說：「真的嗎？好厲害！」說的人就會品嚐到**優越感**，因為別人不知道的事只有自己知道。不過事實上，「不要說出去」的話，通常還是會說出去。

用「其實」當做說出祕密、自我揭露的開場白

口頭禪
2

反正我就是不行

不愛自己、自暴自棄的人

負面口頭禪的代表應該是「**反正**」吧！鼓勵對方「明天的比賽要加油喔」，結果他說「反正我註定不行」；問他「怎麼會犯這種錯誤」，他卻回答「反正我就是沒能力」。聽到這種話，應該沒有人心裡會舒服吧！

會說這種話的人，**斷定自己沒有價值**，因為他不自愛（自戀）*。自愛（自戀）就是**重視自己**，所以也可以說，說這種話的人不喜歡自己、自暴自棄。

此外，他們對人生也是持敷衍、消極的態度，在各方面都逃避現實，周遭的人會覺得「不知他們對人生有何期待」。美國精神分析家卡倫・荷妮（Karen Horney）把這種不關心自己人生的性格稱為**離群性格**（Detached Character，**自我設限放棄型**）（請見左頁圖）。

馬戲團大象的故事

美國心理學家馬丁・賽利格曼（Martin E. P. Seligman）用馬戲團大象的故事說明他所提出的「習得性無助」（Learned helplessness）概念。習得性無助指**長期被置於艱困環境的人，會漸漸不想努力脫離該狀況**。

＊自愛（自戀） 佛洛伊德認為，小孩在成長過程中必然會產生自戀。自戀過強的人稱為自戀狂（Narcissist）。而Narcissism指的是自戀性人格異常（Narcissistic personality disorder，簡稱NPD）。

馬戲團的大象被繩子綁在木樁上，雖然牠想逃就能逃，但牠並沒有逃跑的企圖。這是因為牠在力氣尚小的幼象時期，就一直被綁得很牢，漸漸覺得「反正逃不掉」；所以在長大以後，牠仍然覺得「反正不可能逃出去」，也失去想逃走的慾望了。之所以會如此，或許是因為從小的經驗就是「即使努力也一無所獲」。

另一方面，也有人雖然自卑，但心裡仍希望有人理他、跟隨他。這種人會**故作姿態來引起別人的興趣**。

荷妮的性格分類

卡倫・荷妮以人際關係的距離為基準，將精神官能症（Neurosis）的性格分成以下三類。

攻擊性格（自我擴張的支配型）

就是主張「自己如何如何」的自我主張型。是經常吹牛、自我陶醉的完美主義者。

案子是我企畫的，
一定會很順利！

依從性格（自謙的依賴型）

缺乏自我主張，行動盡可能不引人注意。有協調能力，但往往對自己評價過低。

你有什麼
意見嗎？
跟大家
一樣就
好了！

離群性格（自我設限的放棄型）

不關心自己的人生，也不想跟他人有瓜葛。不想積極做任何事。

為什麼
我這麼沒用

口頭禪 3

可是……

自我正當化的藉口

「可是」也是負面的口頭禪。前篇的「反正」和本篇的「**可是**」、「**但是**」，這些否定的、令人不快的詞，日文羅馬拼音的第一個字母都是D，所以又稱為**D詞彙**（譯注：「反正」的羅馬拼音是douse，「可是」是datte，「但是」是demo）。說完「可是」之後，接下來幾乎都是藉口（詳見➡第一九〇頁）。例如，上司問「為什麼這件工作沒做完」，部屬回答「可是，還有其他很多事要做」。

藉口就是自我正當化。說「可是」時，**通常都是找藉口，把責任歸咎於他人或環境（推諉卸責型）**。**歸因理論***（Attribution Theory）研究人們把糾紛與不滿歸咎何處，將歸咎的方向分為兩類，一種是**外在歸因型**（External Attribution），一種是**內在歸因型**（Internal Attribution）。外在歸因型就是將責任歸咎給周遭的人、組織、制度及環境等，而非自己。內在歸因型則是將責任歸咎於自己的態度、性格及意見。以「可是」為開場白、尋找藉口，是為了保護自己，可說是一種**防衛機制**（Defence Mechanism，詳見➡第一五三頁）

不找藉口就不安心的女性

使用「可是」這個詞的似乎以女性居多。例如

***歸因理論**　推測人類行為的原因。外在歸因型會從狀況或運氣等外部因素尋找原因；內在歸因型則會從本人性格等內部因素尋找理由。

用「可是」找藉口逃避責任

美智子小姐，
這份文件錯誤
百出啊！
可是我還有
很多工作要做
推諉卸責型
的藉口
怒！
美智子～
今天不是你值班嗎？
可是
……
又開始說
「可是」了…
※令人反胃
うんざり…
小美，
這裡錯了喔
可是～
啊！
沒關係
撒嬌…
不爽
不爽
不爽

「可是，因為你這麼說我才會……」斬釘截鐵地強調「可是」。大部分人聽對方這麼說，氣勢就會瞬間變弱。這類女性如果不找藉口，心裡就不舒服。對方如果是男性，找藉口的情況就會更嚴重。通常男性會放棄辯解，因為「她一向如此」，只好逆來順受；如果笨笨地指出她的錯誤或不合理之處，可能會火上加油。如果拉長了音說「可是～」，就只是在向對方撒嬌。女性仰起臉，盯著男性說「可是～我想去看看嘛」，是覺得她可愛，還是覺得很煩，就看那位男性怎麼想了。

口頭禪

4

原來如此的確如此

暫且先附和一下

聽人說話時，在旁說「**原來如此**」，就表示同意對方的話，加以附和。其中有人是真的理解那些話，但也有人只是單純在對話中穿插「原來如此」，彷彿在說口頭禪。這樣的人看起來好像知道對方在說什麼，但通常是**左耳進右耳出**。如果冷不防要他把聽到的話重述一遍，他應該會支支吾吾，說不出話來。這種人表現出「別人說話，先附和比較好」的草率想法。另外，**較常扮演聆聽者角色，不太表達自己意見的人**，也常有這個口頭禪。

也有人覺得，如果不管三七二十一就先說「原來如此」，就可以不用說出自己的意見。說「原來如此」，是表示贊成對方的意見；但是否真的贊成，有許多人連自己都不知道。如果對方追問：「你說『原來如此』，就表示你贊成？」或許他會意外地張口結舌。還有人的口頭禪是「**的確如此**」，這跟「原來如此」是一樣的意思。

不認同時也可以用

不過，也有人能有效運用「原來如此」這兩個字。例如在開會時，由你發表企劃。上司聽了你的發表，如果說：「原來如此！你的方案非常好，但有必要再多研究一下。」就表示他是在仔細聽完你所說的話之後，給你適當的建議。

因此，對他人的話不能百分之百認同時，暫時先接納，之後再給予反對意見或建議，就可以在不引起對方不快的情況下說服他。這個方法相當有效，在這種情況下說「原來如此」，就不是在說口頭禪了。

「原來如此」——看起來像在聽，但其實沒在聽

口頭禪 5

我不是○○嗎？

自我表現欲強、厚臉皮的人

「**我不是○○嗎**」這句話，讓人聽了就煩。例如「我不是有潔癖嗎」、「我不是很怕生嗎」等等。自己為自己下定義，為什麼要用疑問句呢？

雖然是疑問句，但也未必是在徵求對方的同意。聽到「我不是有潔癖嗎」，你不需要回答「我也這麼覺得」或「我不覺得」，因為說完這句話之後，對方會緊接著說「所以不能容許骯髒的人」或「所以很難跟人交朋友」。**他是在做自我主張，宣告自己是什麼樣的人**；也可說是建立屏障，準備退路的一種方式。

也有人的說法是「我是○○的人」，雖然用的是肯定句，但這是故作客觀的表達方式。

自我表現欲*強的人經常使用這種說法。他們可能也企圖宣告「我有潔癖這件事，大家理所當然應該知道」。通常，自己的評價是建立在周遭的看法上。在別人評價之前，自己先評價自己，讓不認識的人對自己產生興趣，這種人可說相當**厚臉皮**。為了讓自己的性格獲得周遭的認同而下了很多功夫，稱為**自我證實的回饋**（Feedback for Self-verification）。因為他們確信自己就是自己所想像的那種人，並想得到周遭的認同（證實）。

＊**自我表現欲**　向周遭與社會宣告自己的存在之需求。比自我主張的需求更明確。通常用於負面的意思上。

聽到別人說這句話，你也只能說「是啊」，表示同意。或許你也覺得「就算你不特別提起，我也知道」。

自我證實的回饋惹火對方？

口頭禪 6

大家都這麼說

把責任轉嫁給「大家」，自己就可以安心了

如果有人問：「那件衣服是不是有點怪？」有些人可能會回答：「會嗎？**大家都這麼穿喔！**」也有人會對年長的人說：「你這種想法落伍了，**大家都是這麼說的！**」聽的人就會莫名其妙地接受了。

「大家」指的是誰呢？其實並不是任何特定的人；而籠統地說「大家」，**就能把自己發言的責任轉嫁給其他不特定人士**。因為覺得其他多數人都這麼說、這麼做，所以自己也可以說、可以做，這種心理叫做從眾性*。人身處社會或團體中，無論有意或無意，都會配合周圍的氣氛，避免自己偏離該團體。身處團體中可以讓人感到安心。

也就是說，**因為缺乏問題解決能力，無法決策，所以想在事情進展不順時，以「大家」為理由，保證自己是對的**。

另外，「大家都這麼做」，形成了從眾行為的力量，也可說是群體壓力（Group Pressure）。例如，說「這是大家決定的」，上司就不能忽視該提案，這種心理狀態稱為全體一致效果（Effect of Unanimity）。將不特定的人稱為「大家」時，會讓對方在不清不楚的情況下接受你的意見。

＊從眾性　美國心理學家艾許以實驗證明從眾性，發展了社會心理學。艾許研究的從眾行為顯示出，人容易受多數決左右的特性。

艾許的從眾行為實驗

心理學家艾許的實驗證明，多數人的意見與團體規則，會改變個人的意見或態度。

實驗　向八位參加者提出簡單的問題，請他們回答。實際上，真正的受試者只有一人，其他七人是假扮的。

問題

A、B、C三條直線中，哪一條跟左邊一樣？

結果　七名假扮的受試者依序回答，第一位答A，第二、第三位到第七位也都答A。最後，真正的受試者也在困惑中回答了A。

↓

從眾行為

口頭禪

7

自我主張強烈、領導者型

「**總之**」、「**也就是說**」、「**所以**」等詞，在前文也經常出現。「總之」是在敘述結論時用的詞，例如，對方話還沒說完，就有人說：「總之，就是這個樣子。」彷彿要阻擋對方繼續說下去。「所以」的意思也差不多。說「所以，就是這個樣子」，就是在為對方所說的話做結論。

無論哪個詞，都頗有震撼效果，讓人感受到輕視的態度。有這類口頭禪的人，**自己想說的話無論如何都非說不可**、**自我主張**強烈，不喜歡周遭的人壓抑自己的想法。**他們想得到領導地位、好辯，認為自己最正確。**

他們想用這些詞讓大家獲得最大利益，可說是**自我陶醉***（Self-absorbed）型的人，**自我表現欲**（詳見⬇第一三八頁）強烈。

不過，即使想用「總之」、「也就是說」來歸納結論，但大量使用這些詞的人，往往不能完整做出符合邏輯的總結。無法適當說明內容，但為了要讓自己的話聽起來合情合理，就一直用「總之」、「也就是說」，巧妙地岔開話題，想讓人覺得自己很聰明。

不過，如果聽者邏輯清楚，恐怕就會反唇相譏：「你到底在說什麼啊？」在沒自信的時候不要使

＊**自我陶醉**　又稱自戀。自戀性人格異常是指不愛真實的自己，深信自己必然極優秀、特別的疾患。

用這類詞，是比較聰明的做法。

經常使用這類詞會惹女性討厭

常用這類詞的似乎以男性居多。**他們也許是想讓自己看起來聰明、有架勢，在女性面前表現出酷帥的一面**。也有人是因為想快點結束談話，才用「所以」來斷句。不過，女性可以輕易識破這些招數，而對那種狂妄自大的態度感到厭煩。

好辯者的口頭禪

認為自己最正確，應盡量擔任總結者的人，經常使用以下這些詞。這些詞都會讓人感覺到說話者的高姿態。

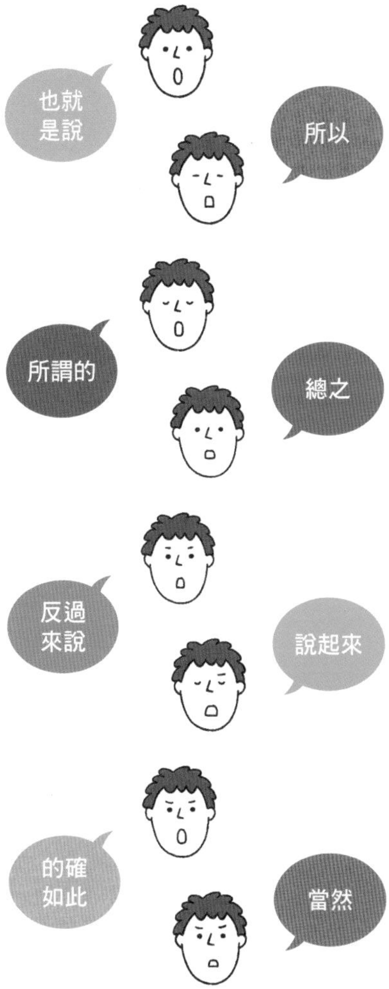

口頭禪 8

無所謂……

讓對方陷入不安的詞

大家正在聊天，一片友好的氣氛中，有個女孩有點狀況外。有人問她：「你覺得怎麼樣？」她只回答：「**沒什麼啦、無所謂**。」「**無所謂**」這句話也散發出一股令人討厭的氛圍，讓人覺得對方彷彿有什麼事不稱心。

但是，在我們的社會中仍存有一些忌諱，讓人不好意思直接反問：「這是什麼意思？」也就是說，「無所謂」這句話一說出來，就會讓對方僵住、對話中斷。說「無所謂」的人，也許是有意無意地想讓對方陷入不安。

這句話背後的心理狀態就是「**就算想說也不能說**」，表示當事人想說出某件事的欲望被壓抑，因而處於挫折*（Frustration）狀態；此外，**也隱含了放棄的心態**。挫折的產生有各種原因，但問題不在原因，而在於主觀的處理方式。常說「無所謂」的人，對周遭築起銅牆鐵壁，很難說出真心話。出了名的我行我素，**可說是欠缺協調性的類型**。

此外，「不知道」、「沒聽過」、「真麻煩」之類的詞跟「無所謂」一樣，都是拒絕協調、合作的語氣。

***挫折**　心理學家羅森茨維（Saul Rosenzweig）認為，人類對挫折有某種程度的耐受性，他稱此為挫折容忍力（Frustration Tolerance）。

引發挫折的原因

心理學家羅森茨維把引起挫折的原因分為外部原因與內部原因，再將這兩種原因各分為缺乏、損失及衝突三種類型。

外部原因

1 欠缺　缺乏食物，或想要朋友擁有的玩具，但大人不肯買等等。滿足自己需求的對象不存在時。

2 損失　與所愛的人或動物分離、喜歡的玩具損壞等。以前能滿足自己需求的人事物，現在失去了。

3 衝突　因天氣不好或交通因素等外部障礙而造成內心的矛盾、衝突。

馬拉松大會
取消了啦
馬拉松大會
取消

內部（個人的）原因

1 欠缺（缺陷）　因身體的缺陷或能力的缺乏，缺少滿足需求所需的能力。

以我們現在
的能力，
絕對贏不了

2 損失（損傷）　因生病或受傷，失去了從前能滿足需求的能力。

再也不能
活力充沛地
跑來跑去了

3 衝突　對失敗的不安與恐懼，或良心上的糾葛等因素而產生心理壓抑，造成內心的矛盾、衝突。

我做的事真的對嗎？

口頭禪 9

好像 有可能 …的感覺

用含混不清的話逃避責任

在你的周圍，一定會有人的口頭禪是「**好像**」。例如「天氣好像很好」、「好像是個有趣的人」、「好像不需要擔心」等等。

這類口頭禪在不知不覺中隱藏了含糊其辭的意圖。會用這種方式說話，**應該是想使話的意義模糊不清，以避免不必要的對立**。

例如，說「我贊成A的意見」，就會被歸為A派，可能被B派的人排擠。所以，如果說「非要選擇的話，我好像比較贊成A的意見的樣子」，被指責時，就可以說「我還沒想清楚」以逃避責任。也就是說，使用這樣的說話方式是防衛機制（詳見⬇第一五三頁）的心理運作，**想準備退路以保護自己**；認為不明確表示意見，就能避免與對方的衝突。

這類用詞相當氾濫，愈來愈多人毫不考慮地使用這些詞。之所以會如此，或許是因為愈來愈多年輕人缺乏認真討論與面對劍拔弩張場面的經驗。他們不擅長自我主張*，似乎也認為自我主張不是好事。

***自我主張**　男性與女性自我主張的內容不同。男性是為了主張自己的正確，女性是為了讓人理解自己的心情。

各種含糊其辭的口頭禪

不知是「總覺得」，還是「不知為何」。總之，說話者想表達的是「不知為何自己也不知道」。

1 「不知為何，總覺得……」

不知是「總覺得」，還是「不知為何」。總之，說話者想表達的是「不知為何自己也不知道」。

2 「……的樣子」

說這句話，可以扮演好人的角色。可以把「的樣子」放在句尾，如「很有趣……的樣子」。

3 「有點……的感覺」

在語尾拖長音，會給人輕佻的印象。用這種表達方式的人似乎對任何人都給好臉色，屬長袖善舞、八面玲瓏型。

4 「○○還是怎樣」

這樣的表達方式，表示除了原本所舉的事物之外，還包含其他意義；但說話的人通常也說不出什麼意義，含糊其辭。

5 「有可能……」

這句話之後，有「其實或許不是」的意思。說話的人準備了退路，以逃避責任。

6 「○○系」

療癒系、萌系、草食系等，在各種詞彙後面加上「系」，意思是「有那種感覺」，表現出曖昧不清感。

口頭禪 10

好可愛！

看到喜歡的東西時，大家都會說「好可愛」

在日本，每次看到逛街購物的女性，總聽見此起彼落的**「好可愛！」**讚嘆聲。無論對年輕或中老年女性來說，「好可愛」也許不僅僅是口頭禪。讚美詞有很多，如「美麗」、「漂亮」、「時尚」等。不過，她們對喜歡的東西一律說「好可愛」。

難看的東西也「好可愛」？

「好可愛」不只用來評論物品，也用來評論男性。例如頭髮稀疏、微胖的上司，也說「好可愛」。

一般認為，在這種情況，女性所說的「好可愛」是**「喜歡」的意思**。

看到長得蠢蠢笨笨的牛頭㹴、巴哥犬，也會說「好可愛」。可能是因為狗狗笨拙的特徵讓她們**有些感傷，心中放不下**，引發了**母性本能***（Maternal Instinct）。漫畫中說大叔上司「好可愛」，應該也混雜了同樣的情緒。

人們不會說身材姣好或打扮入時的美女「可愛」。也許會羨慕或嫉妒，但不至於產生說「好可愛」的情緒。換言之，對於在自己等級之下的人事物，才會產生憐惜，覺得「可愛」，用這種方式維持內心的平衡。

***母性本能**　並非學術用語，而是通俗的詞彙。被視為女性的本質，女性通常會把小孩或年紀較小的人視為弱者，產生想保護、撫養他們的心態。

蠢笨的特質也可愛？

不過，也有人單純是因為詞彙貧乏，才會連珠砲似地說「好可愛」。對這種人來說，「好可愛」**是魔法般的詞彙，可以在詞窮時填補對話的空白。**

此外，也有人覺得，無論看到什麼都說「好可愛」的女性，令人覺得滑稽可笑或輕浮、諂媚。這個詞用得太多，可能會讓人覺得油腔滑調，大家最好要留意。

口頭禪
11

沒辦法

「沒辦法」這句話有深奧的涵義

「**沒辦法**」這句話隱藏了各式各樣的意義。若要翻譯成英文，並沒有完全切合的詞。這句話有「幾乎沒有選擇餘地」、「沒有別的辦法」、「不得不如此」、「那件事做了也沒有意義」等意思。對於這些話，英文裡則各有不同的說法。

女性拜託男性幫忙時，男性回答「真是拿你沒辦法」時，真正的意思其實是：「真是麻煩的傢伙！但又很高興她找我幫忙」，有點掩飾難為情的意味。

女孩被男友甩了，女性友人安慰她時說「這也沒辦法」，是「再想也沒有意義，死心吧」的意思；或許還有更深的意義：「這就是人生嘛！」

想放棄、妥協

前述兩種使用方法，有些有正面積極的意味，有些有負面的意思。如果說「再怎麼用功，現在才開始也太晚了，沒辦法了喔」，就是「那件事做了也沒有意義」的意思。

不過，這句話也可以用來自我安慰。比如說「沒辦法了，完全沒唸書」，就是在安慰自己，也有**放棄**、**妥協**等負面的感覺。無論對自己或對別人，如果說「沒辦法」時大都是這種情況，**表示這種**

＊**替代行為**　原本的需求、願望無法滿足時，想藉由替代的對象、方法來滿足該需求或願望。

「沒辦法」這句話隱含的各種意義

人遇到困難時，通常會早早放棄、對任何事都會以妥協的方式來解決。

這樣的人在持續妥協的過程中，潛意識裡積壓的不滿會愈來愈多。心有定見的人，如果對一個目標妥協了，仍會努力達成其他目標。用其他行動獲得滿足感，這在心理學中稱為替代行為*。

口頭禪 12

姑且 暫且

有設立防線的功能，常說者性格固執

「**姑且**」、「**暫且**」這個詞常用來當做開場白。例如有人請你幫忙工作，問你：「可以在明天以前做好吧？」你回答：「我姑且試試。」意思就是「就算試了，能不能做好我也不知道。雖然答應你了，但如果沒做完，也請不要抱怨」。如果因為沒做完而受到指責，你也有反擊的餘地：「我不是說姑且試試嗎？又沒保證一定能做完。」

口頭禪是「姑且」、「暫且」的人，**性格固執**，**不願改變自己的想法**；但還是具有**協調能力**，不會斷然拒絕別人，也會**表現出合作的意願**。在上述情況，如果斬釘截鐵地說「辦不到」，顯得不夠圓滑，也可能會讓對方失望；因此，才表示「雖然無法全部做完，但多少能幫點忙」。這樣的說法顯示，在他的內心，**可能仍希望多少保有對方對自己的期待**。乍聽之下，這種說法或許會給人不可靠的印象，但仍有送人情*的功能。

另外，也可能是因為對自己所說的話缺乏自信，才用這種說法設立防線——因為有「明天可能做不完」的預感，才加上「姑且」這兩個字。用這樣的方式保護自己的意識，稱為防衛機制（請見左頁圖）。

＊**送人情**　幫助人時，期待對方的感激或回報。「以恩人自居」，則是真的要人回報的厚臉皮態度。

各種防衛機制

是指為了降低不安、罪惡感、羞恥感等不愉快的情緒或經驗，藉逃避的方式來穩定心理狀態。這是任何人都會表現出的正常心理作用，通常在潛意識中進行。

反向作用

請交給我！

行為與自己的心情相反。如懦弱的人說逞強的話。

合理化作用

聽說你
被甩了？
哼！
那種狡猾的
傢伙…

犯錯後強詞奪理，想給自己的行為一個合理的解釋，以得到他人的認同。例如被拒絕的人貶低對方。

轉移作用

可惡
連這種事
也做不好！

將憎恨、愛戀等被壓抑的感情或想法，轉移至其他對象或目標。

潛抑作用

否定、抹除自己無法接受的想法、情緒或記憶， 硬逼自己忘掉。

投射作用

你火氣
很大喔！
火氣大的
是你吧！

將自己不希望有的情緒推到別人身上，覺得那是別人的情緒。

退縮作用

不用再看到部長那
張臉，我就安心了

逃出引起矛盾衝突的狀況。用沉浸於幻想或生病的方式逃避。

退化作用

挫折長期持續時，為了讓自己感到安全與平靜，退回較早期發展階段的思考方式與行為。

昇華作用

藉由運動、藝術等抒發或消除現實社會所不接受的需求或衝動。

認同作用

把自己與優秀人士視為同類，把他們的能力、成績看成是自己的。

口頭禪
13

啊！忙死了、忙死了

只是想突顯自己的工作能力很強

在你的周圍，有沒有總是看起來很忙的人呢？就算正在工作，也會喃喃自語：「**啊！忙死了！**」或發牢騷：「太忙了，連吃飯的時間都沒有！」同事聚餐也老是遲到，理由總是「因為工作太忙了」。

一般而言，這種滿口說**自己很忙**的人，**是想告訴他人**，公司交給自己的工作堆積如山，因為**自己是公司所期待、前途一片光明的人才**。不過，如果真的很忙，應該連叨念的時間都沒有吧！實際上，這種人通常**只會出一張嘴，愛出鋒頭**罷了。

宣稱自己「忙死了」，也只是**嘩眾取寵**＊，想得到上司或周遭的好評。

在他身邊的人可近處觀察他是否真的那麼忙。面對這些人，他當然不會大言不慚地說自己很忙。這種人通常只會向其他部門、外界等完全無法確認其工作狀況的人吹牛。

實際上，有很多無能的人，一旦面對麻煩事，就會推諉卸責，溜之大吉。另外，也有人因為不清楚工作的程序或要領，浪費了許多時間，所以真的覺得自己很忙。這樣的人**不擅長安排、整合工作，不知如何有效率地使用時間與勞力**。也就是說，他們是因為工作做不好而累積了大量工作，

＊**嘩眾取寵**　為引人注目而故意做出的行為。英文是Grandstand Play，意思是打球時為了吸引觀眾席上的觀眾，而不顧團隊的勝負。

只好加班，然後連喊「忙死了」。

工作能幹的人擅長時間管理

真正能幹的人能充分掌握自己的工作。他們會思考計畫與策略，使工作有效率地進行，並在期限內完成；因此，不需要一直強調自己很忙。口頭禪是「忙死了」、「沒時間」的人，首先必須重新檢視自己的工作方式。

愈愛說「忙死了」的傢伙，工作能力愈低

口頭禪
14

我……

常用第一人稱當主詞，用來自我主張

有些人在對話時，常用第一人稱「**我**」來當主詞，每句都說「我如何如何」。日語的口語跟英語不同，說話時經常省略第一人稱的主詞。例如，日本人會說「今天要出門購物」，而不說「我今天要出門購物」。不過，像「我明天要在開會時發表企畫，但因為是第一次，好緊張啊」之類的話，「我」這個字就會很奇妙地留下來。

常用第一人稱主詞的人，**自我主張**與**自我表現欲**（詳見⬇第一三八頁）**都很強**，想宣稱「自己跟其他人不同」。也可說是**走自己所信仰的路、有堅強意志的人**。但如果過度使用第一人稱主詞，或許會令人厭煩。自我主張還是適量就好。

有些人會在語尾才說主詞，例如「這種情況這麼做比較好，我覺得啦」。這樣的說法，是暫且同意對方的意見，又可充分強調自己的意見。也就是說，可以讓對方覺得自己是具社交能力、成熟的人。

偶爾會聽到有人用自己的名字代替「我」來使用。例如「麻美今天想吃壽司」、「這個東西請借給麻美」等。若在兒童時期使用這種說話方式，可能是因為**自我***（Ego）的萌芽；但成人之後還這麼說，感覺像是社會化不足。朋友間還可以這

***自我**　佛洛伊德把人類的心分成：本我（Id）、自我（Ego）與超我（Superego）。本我是人類原本就有的原始衝動；自我（自我意識）則壓制本我；超我指良心與道德。

麼說，但如果在公開場合也這樣，應該會讓大部分的人不太舒服吧！

此外，也會讓人覺得這個人很孩子氣，老是在撒嬌。他們暴露出幼童般的性格，就像在說：「注意我！」一樣。這種人多半會遭同性厭惡。但如果是男性，對擅長裝可愛、撒嬌的女性，或許會立刻投降。

把自己的名字當主詞的女性

這件工作就由麻美來做
……
麻美也想點這一道喔～
……
午餐菜單
跟同事聚餐
老是麻美、麻美的，又不是小孩子
麻美也要喝這個
好可愛……
哼！
會議上
你有什麼意見？
会議
麻美認為…
哇…
冷場…

口頭禪 15

絕對
一定

「絕對」，沒有任何根據

「**絕對**」或「**一定**」這兩句話，語氣與意義同樣強烈。有些人很喜歡說這兩句話，例如「明天一定會做」、「這家店絕對好吃」、「絕對會在三十歲前結婚」等。

怎麼可以說「絕對好吃」呢？每個人的味覺都不一樣，你覺得好吃的，別人或許不覺得。也有人承諾「一定會做」，結果沒做好，就用「剛好有急事」為藉口搪塞。有些女性會說「絕對會在三十歲前結婚」，這種想法也毫無根據，**只是一時情緒性的發言**。而「我覺得那間餐廳絕對好吃」，雖然用了「絕對」表示斷定，但加上「我覺得」，在實際上沒那麼好吃時，也有設立防線（詳見➡第一七八頁）的作用。

老是說「絕對」、「一定」的人，**可說是容易感情用事的人。在毫無根據的情況下，就認定自己說的是對的**。雖然「絕對」、「一定」沒有根據，但這麼說或許可讓自己安心。

經常對異性說「絕對」或「一定」，可能會讓對方感到束縛，惹人討厭。女性如果常對男性說「晚上絕對要打電話來喔」、「生日禮物一定要○○牌的戒指」，男性應該會怕吧！

「絕對」、「一定」這兩句話，**無論對自己或**

雖然不可能有絕對的事，但還是把絕對掛在嘴上

對方，都會帶來沉重的壓力。當「絕對要考上」、「一定要得冠軍喔！」之類的話出現時，當事人的笑容就會開始減少，心情也會愈來愈沉重。為了避免把人逼到絕境，最好不要說「絕對」或「一定」。

世上本來就沒有「絕對」的事。就算以「絕對安全」為招牌，也可能發生「意料之外」的狀況。

口頭禪 16

冷笑話是大叔的特權？

與年輕人溝通的方法

冷笑話是用相同或類似發音的詞彙來搭話的語言遊戲。能迅速反應，立即說出幽默冷笑話的人，能讓人覺得他有相當的知識與涵養。冷笑話能快速緩和緊張氣氛，經常說冷笑話的人可說相當有幽默感。

冷笑話是老哏*的代表。因為是大叔常說的哏，讓人有老掉牙的感覺，所以稱為老哏。有一個關於冷笑話的實驗，請三位愛說冷笑話的大叔在居酒屋聚會，計算他們說冷笑話的次數。結果發現，只有大叔在場時，他們平均一小時只會說一次冷笑話；如果有年輕人加入，一小時就會說三十次以上。**這應該是因為年輕人與大叔們很難有共同話題，大叔為了弭平代溝才說冷笑話。**這也可稱為超越世代的大叔式對話術。這種討好特定對象的言行，在心理學中稱為逢迎（Ingratiation，詳見⬇第一八六頁）。

以後設認知避免很冷的哏

不只冷笑話，幽默感有各式各樣的效用，如緩和現場氣氛、產生說服力與新構想等等。在職場，幽默感可消除緊張、使人際關係圓融、提高對工作的熱情。相同的指示，如果帶有幽默感，聽的

＊**老哏**　中老年男性經常使用，所以稱為老哏。這個詞含有年輕人對大叔哏的厭惡感，因為覺得大叔所說的冷笑話很無聊。

人就比較容易接受。非常好笑的笑話或許能使新構想產生。

也有年輕人聽到大叔哏，就拖長音說「好冷～」，講笑話的大叔卻自以為很有哏，因為他無法客觀審視自己。有**後設認知***（請見左圖）能力的人能冷靜觀察自己與周遭的狀態；而說很冷的冷笑話的大叔，無法清楚察覺周圍的人怎麼看他。

客觀審視現場氣氛與幽默

後設認知指對自己有意或無意的認知行為，用更高層次的視角客觀審視的認知歷程。試著客觀檢視自己，好讓別人不要說你的老哏「很冷」吧！

1 預測

客觀審視自己當下的認知行為。

漸漸不想再說
冷笑話了

2 監控（Monitoring）

檢查、監控現在解決問題的方式是否正確，並預測未來的發展。

為了消除
緊張氣氛，
來個冷笑話好像
不錯呢

3 判斷

若發現知識或推論有偏頗，就立即修正。

現在講冷笑話
好像很尷尬，
還是不要說吧

***後設認知**　Metacognition，一九七〇年代由心理學家布朗（A. L. Brown）與弗拉維（John H. Flavell）所提出，是為了修正推論的偏頗或不良影響，以得到適當解決策略的方法。「Meta」是「高一級」、「從上方」的意思。

口頭禪 17

一開口就吹牛

想讓人認為自己很有價值

有些人一開口就**自吹自擂**，例如「剛才部長又稱讚我了」、「其實我父親是○○的後代，我祖母出身貴族」等。有些人不吹牛會很難過，因為他們總是「**想獲得別人的肯定**」或「**想得到稱讚**」，這些想法背後隱藏了**自卑感**。所以，只要讚美他「好厲害呢」、「哇～真不愧是你」，**他就能感覺到自己的價值**，這樣的心理稱為**自尊心**（詳見⬇第八四頁）。

換言之，這種人因為自尊心過低，所以愛慕虛榮，想讓自己在他人面前看起來比實際上更優秀，才會愛說大話。

只能愛自己的自戀狂

這樣的人，是**只能愛自己**的**自戀狂**＊。提起自戀狂，給人的印象就是只在意外表，但他們在心理、精神方面其實也相當自戀；因為只愛自己，對他人不感興趣，所以才不停大吹法螺。

就算只聽到應酬話，他們也會欣喜若狂。別人只要順著他的話奉承幾句「真厲害呢」，他就會欣然接受，並不覺得那只是場面話。是沒有自信、但非常喜歡自己的自戀狂，內心可說十分複雜。

＊自戀狂　Narcissist，此名稱來自希臘神話中的美少年納魯西斯（Narcissus）。他著迷於自己在水中映照出的容顏，任何人都引不起他的興趣。

常吹牛的人有哪些口頭禪？

愛吹牛的人，希望自己看起來非常優秀。這種人有幾個共同的口頭禪。

口頭禪 18

每次見面都在抱怨

由抱怨得到宣洩

每次見到他，總是在講上司的壞話；每次見到她，都在指責或否定同事。這種對話毫無樂趣可言。這些壞話或指責，對聽者來說就是「**抱怨**」，絕對不會給人好印象。

受無法接受的感情所擾，又無法直接面對時，人會想壓抑焦躁的情緒，這是**潛抑作用**（詳見⬇第一五三頁）的結果。在壓抑狀態中，人在精神上會漸漸被逼到絕境，所以會用興趣、運動、娛樂、食物、戀愛、諮詢等各種方式找尋出口。

處理得好就好，處理不好的人，可能就會**用抱怨來逃避壓抑狀態**。

從抱怨者的角度來看，**把平時積壓的不滿與怨氣傾吐出來，就能得到宣洩*（淨化）**。這麼做，除了能讓對方理解自己的想法，也可藉由自己所傾吐的怨言，再度確認自己的感受，知道自己真正的想法，或許接下來就能重整心情。

抱怨的話雖然沒有什麼建設性，但讓對方看見自己內心的脆弱，其中有「希望對方了解、肯定自己」的意識在運作。

得到同理就會滿足

抱怨時必須有傾聽者。不過，應付沒完沒了的

＊宣洩　Catharsis，原本是希臘語，是排泄出體內累積的汙物、淨化的意思。第一個把這個詞用在精神層面的是古希臘哲學家亞里斯多德（Aristotle）。

抱怨的功能

雖然抱怨總給人負面的印象，但對抱怨者來說，有宣洩的效果。

抱怨是很辛苦的。可是，打斷對方、跟他講道理，並不是聰明的做法。對發牢騷的人而言，只要有人肯聽他說話就夠了。如果能從頭到尾扮演傾聽者的角色、同理對方，最後對方也許會說「謝謝你的傾聽」。讓對方感覺到你讓他把情緒宣洩出來，是很重要的事。

口頭禪 19

常用艱澀的詞彙或外語

內心有缺乏自信的自卑感

在日本看新聞或國會轉播時，老是會聽到外來語（譯注：日本外來語是由中國字簡化而來），如アジェンダ（Agenda）、コミットメント（Commitment）、コンセンサス（Consensus）等。許多日本人也因為外來語的關係，無法完全理解發言者在說什麼。

現在也經常有人在日常對話中使用外語，尤其是商務場合。會議上，常有「現在，市場常有drastic（激烈）的變化，運用有potential（潛力）的年輕人成為目前的core（重點）」之類的發言。

雖然聽得懂意思，但總讓人覺得像墮入五里霧般，不能完全理解話的內容。

常用外語、專業術語等艱澀用語的目的即在此；的確，常用外語或成語，不知為何看起來好像比較聰明，但說的人只是想誇大自己的能力。

也就是說，他們想顯示「自己的優秀」、「知識淵博」、「有才能」等，這是想讓別人覺得自己智識豐富的理智化（Intellectualization）心理在運作，但表面做出完全相反的行為。如果有人問：「能不能用稍微簡單的方式說明？」他們可能會張口結舌。真正有知識、實力的人，應該會用簡卑感。理智化指內心有對自己的實力缺乏自信的自

* **勝利組、失敗組**　一九九〇年代後半開始，社會階級差距逐漸明顯。有豐富聲望、資產的富裕階層被稱為「人生勝利組」，身分地位低者被稱為「失敗組」。

166

明易懂的方式說明。

當對方露出「你在說什麼啊」的疑惑表情，這些人只會認為對方缺乏理解力、沒水準，而不會注意到自己對話能力的貧乏。

他們也非常在意自己屬於「**勝利組**」或「**失敗組**」*，很怕跟不上時代，經常追求新事物、喜歡用最新的商業術語。智慧手機或平板電腦有新機種發售時，就會立刻購買，想向周遭的人炫耀。

只用外語是想耍帥？

口頭禪 20

女性喜歡講八卦

藉由八卦「共享祕密」

女性與朋友或同事聚在一起，就會開始嘰嘰喳喳、說三道四**講八卦**。聊天內容也許是悲傷、嚴肅的，但說話的女性看起來都很快樂。

八卦有的是事實，例如「聽說〇〇小姐交男朋友了」，也有的是想像或妄想，例如「〇〇好像有不為人知的過去」。喜歡講八卦的人，是想向大家**表示自己消息靈通**，比任何人都了解這件八卦。在日本，通常稱這種人為喇叭*。當然，他們也想成為大家心目中消息靈通的人士。

喜歡講八卦的人，**也想藉由與人共享祕密而獲得同伴意識**。如果能共享祕密，與對方的心理距離（詳見⬇第一〇八頁）就會縮短，增加親密感。

喜歡道人長短的人，資訊蒐集的能力也很優秀。他們出席各式各樣的團體、活動，向當事人套話、蒐集周邊訊息。從正面的角度來看，可說溝通能力非常傑出。

聽八卦的人能獲取新訊息，並加入某個群體，得到安全感；也就是說，有消除社會性寂寞（Social Loneliness）之效。

八卦有時也會傷人

一旦成為說八卦的一方，就有了安全感，因為

***喇叭**　發出音樂、言語等聲音的機器，又稱擴音器。從此處引伸為愛說閒話、加以傳播的人（譯注：在台灣，有比喻為「廣播電臺」的說法）。

可避開其他人的攻擊；也就是說，把指責、攻擊引到他人的方向（代罪羔羊＊）。因為八卦是別人的事，有時會在不知不覺中愈傳愈誇張。

這種情況下，八卦就不單是八卦，而可能成為陷害、傷害他人的凶器。閒言閒語時，必須慎重，要考慮到話語的影響力，不要信口開河。

藉由八卦「共享祕密」

講八卦的人可以炫耀自己消息很靈通，聽者則能藉由共享祕密，產生同伴意識。

＊**代罪羔羊**　典故來自舊約聖經中「用以贖罪的羔羊」。為了贖罪，人們以山羊為供品，指為了消除團體的挫折而攻擊其中一人的心理。

口頭禪
21

對熟人用敬語 對不熟的人用常體

用敬語保持心理距離

在日文中，**敬語**是用來表達尊敬對方的心情。依照常識，對長輩、上司、初識者都會說敬語。

不過，**有人對熟人說話也用敬語**（譯注：敬語是日語中用於表達敬意的方式，用以表示說話者、說話對象、話中人物之間的社會階級、親疏等關係。對平輩、家人、晚輩說話，一般使用常體）。例如，對方以親密的語氣說：「辛苦了，要不要去喝一杯？」如果回答：「謝謝您。我會跟您一起去。」不是有種不協調的隔閡感嗎？會這樣回答，**或許是戒心的表現；覺得若不與對方保持一定距離，就會感到不安**；同時也暗示「我不覺得有跟你那麼熟」，與對方有**心理距離***（詳見⬇第一〇八頁）。

男女之間，如果認識很久還用敬語，表示對方可能對自己沒意思。遇到這種情況，最好趕快放棄，因為兩人進展的希望不大。

不懂禮貌的常體

另一方面，也有人對不熟或初識的人用**常體***。

例如，老職員對新進職員說：「〇〇先生，可以請你幫我泡杯咖啡嗎？」新職員卻以輕率的語氣回答：「嗯，OK。」這時，老職員就會猜想這到底是什麼狀況：「他是看不起我嗎？」、「這

***常體（タメロ）**　對等的言語措辭。「タメ」是「對等」、「相同」的俚語。原本是賭博時「兩個骰子擲出相同數字」的意思。「說對等的話」就是「地位變得平等」的意思。

個人很沒教養吧？」或是「他是想讓我們的關係親近一點？」

新進職員這一類人，可能是因為放鬆戒心，或是想跟大家親近一點，也可能單純是沒有人教他禮貌與上下關係的重要性，所以**不在乎敬語的使用**。很少人會因為輕視對方而使用常體，大部分是沒有意識到某些情況不宜使用常體。

若無論如何都覺得常體不對勁、令人不快，最好清楚地讓對方知道。對方可能是第一次被人提醒上下關係與敬語的常識，或許會老老實實地改正。

敬語、常體所顯示的距離感

藉由敬語、常體的使用方式，得知對方想如何與自己相處。

口頭禪

22

以對女性開黃腔為樂的男性

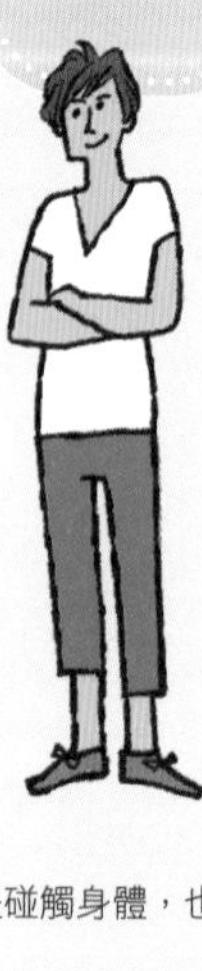

也有男性只要看到女性聽了黃色笑話後的反應，就得到性的滿足。

女性若配合黃腔，男性會更肆無忌憚

對男性來說，哥兒們無聊開黃腔，是相當熟悉的場景。而男性對女性**開黃腔**，有些女性會欣然接受，有些則會感到不快。但在職場故意大聲講黃色笑話或當面開黃腔，可能會超過「令人不快」的範圍，而比較接近性騷擾＊。

對女性開黃腔的男性，到底是什麼居心？有的只是一時興起，想試探女性對他的黃腔是否配合。女性若以輕浮的態度配合，男性就會暗忖，以後可以對她講黃色笑話；**也可能認為這種女人只要稍微引誘一下，或許就能上鉤，可以逢場作戲。**

有些人會為了場面的和諧，「暫且配合氣氛開黃腔」。因為在那種情況下，很難說出真正的想法；一旦話題轉開，黃腔結束，他們就會立刻恢復穩重。有些人是**想擁有玩世不恭的形象，或「像個男人」**，所以大開黃腔；就像小孩抽菸、喝酒想假裝成大人一樣。有些人是不把對方看成女性，就像哥兒們交換黃色笑話一樣的心態。

討厭的話，有必要明確表示拒絕

另一方面，有些聽到黃色笑話的女性，覺得若

＊性騷擾　英文是Sexual Harassment。Harassment是「煩惱、打擾」的意思。性騷擾不只是碰觸身體，也包含開黃腔等言語騷擾。

直言表達拒絕之意，會被看成缺乏與男性交往的經驗，或幼稚、無聊的女性，於是勉強與他們一搭一唱。從男性的角度來看，笑著說「討厭」或「好色喔」，似乎是「嘴巴說討厭，其實是喜歡」的意思，於是會更大膽地繼續說。

真的因黃腔而感到不快，最好能明顯表露在臉上，離開現場，或清楚地把不滿說出來：「我覺得很不舒服，請不要再講了。」他人表明不快後，還繼續高談闊論開黃腔的男性，就是自我陶醉、看不見周遭反應的白目男。

開黃腔男性的心理

愛開黃腔的男性，似乎很難擁有真正的戀愛關係；開黃腔的女性，也常被認為行為放蕩。

開黃腔看對方有何反應
△●×○☆～
討厭～你好色喔
也許可以釣釣看
難以說出內心想法
這種場合很難一本正經～就暫且配合吧
表現玩世不恭的形象
任何有關男女的事我都想聽
沒把對方當成異性
他沒把我當女人看吧？

口頭禪
23

男女都愛的血型話題

血型論缺乏科學根據

無論在商務或聯誼場合，若想與初識的人拉近距離，只要提起**血型***的話題，氣氛馬上就會變得熱絡起來，隔閡也消失於無形。日本人無論男女老幼，真的都很喜歡談論血型，血型書也因而成為暢銷書。

不過在歐美，幾乎沒有人談論這個話題。如果日本人問歐美人「你是什麼血型」，歐美人可能會笑出來，因為大部分歐美人似乎都不知道自己的血型。

如果確定了某人的血型，大家就會開始判斷他的性格。如A型人一絲不苟、神經質，O型人愛社交，B型人我行我素，AB型人性格有點複雜、性情不定。不過，這些判斷都毫無科學根據。

既然如此，為什麼人們還是想聊血型話題？如開頭所述，聊血型可以讓場子熱起來。因為大家都知道如何依照血型分類性格。

相對於歐美的個人主義（Individualism），日本人比較偏向集體主義（Collectivism），**要身屬某個團體，才會感到安心**，談論血型也是因為如此。「我是A型人，啊！你也是？」**兩人屬於同一類別，便互相起了共鳴**。因為都是A型，所以覺得我們是同一種人。星座分成十二種，血型只分成

＊**血型**　ABO血型系統分為A、B、AB、O四種血型。骨髓移植是以白血球的血型配對，受贈者的血型會變成捐贈者的血型。

血型的性格占卜
其實是毫無根據

四種，容易記憶，可能也是血型讓大家倍感親切的原因之一。

人類性格的決定因素，大約是遺傳與成長環境各半，這點學界早有定論。因此，「對方血型是O型，跟我不合」的論述方式並不成立。血型話題還是在聊天場合當做消遣就好了。

「我會考慮」表示不感興趣？

「對不起」是比「抱歉」更為正式的道歉用語，而「不好意思」就跟英文的Excuse Me差不多。如果想鄭重表達歉意，還是用「對不起」或「非常抱歉」比較恰當。

有些人會在整段話中說好幾次「不好意思」或「抱歉」。例如「不好意思，我是〇〇，抱歉，在你百忙之中，可以跟你說幾句話嗎？」像這樣連聲道歉，是想先表達歉意、放低姿態，以避免糾紛的自我防衛（防衛機制，詳見➡第一五三頁）表現，隱含用這句話來請求對方原諒的意思，也可說是表面上的低姿態。

而「我會考慮」則是口是心非的話，其實是沒興趣的意思。當請託對方「可以從下個月開始買這件商品嗎」，對方若回答「我會考慮」，事情大都無法順利。「我會考慮」跟「我會妥善處理」一樣，都是場面話。男性對某女性有好感，想約她出去，她如果說「我會考慮」，最好解讀為她沒興趣。

第5章

說謊的心理、謊言表現出的心理

1 人會說什麼樣的謊言？

有意說謊，多半是為了自保

謊言能使人際關係圓融？

有惡意的謊言，也有應酬話之類不會令人困擾的謊言，後者有助於人際關係。

有一個關於說謊的研究，以大學生與社會人士為調查對象。我們來看看調查結果所顯示的說謊心理吧！這個研究調查了一百六十三名大學生（男性一百零六人，女性五十七人）與六十三名社會人士（男性三十七人，女性二十六人），請他們回答有關說謊經驗的問題。之後，研究者分析結果，把說謊分為十二種模式。

① **設立防線**＊ 為避免意料之內的麻煩，隱瞞事情的經過或目的。

② **敷衍塞責** 否認做過的事，想暫時敷衍了事。

③ **合理化** 未遵守約定時，找藉口將自己的行為合理化。

④ **虛榮** 想在別人眼中有更好的形象。

⑤ **利害** 若牽扯到金錢，就可能為了自己的利益而說謊。

⑥ **體貼** 認為真話可能會傷害對方，所以說謊。

⑦ **勾引** 開玩笑、尋開心之類的謊言。

⑧ **隱藏罪狀** 隱瞞過失或所做的壞事。

⑨ **撒嬌** 希望對方能在感情上理解、維護自己。

⑩ **能力、經歷** 過度誇大自己的能力或經歷。

＊**設立防線** 為避免以後發生麻煩，事先設定好對策或方法。

⑪**破壞約定** 因某種理由沒遵守約定而說謊（未必是刻意的）。

⑫**判斷錯誤** 因為知識不足或誤解，導致說謊的結果。

這個研究分析的是受訪者本人自覺「說謊」的情況，不包含不自覺的說謊（詳見⬇第一八〇頁）。從研究結果可以知道，**說謊大都是為了自保或維持人際關係**，「設立防線」、「敷衍塞責」、「合理化」等都屬此類。雖然說謊不是值得肯定的事，**但為了人際關係圓融，有時確實需要謊言。**

人會說什麼樣的謊言？

以上研究結果顯示，無論男女，「設立防線」、「敷衍塞責」等為了自保而說謊的比例都很高。因「利害關係」、「虛榮」而說謊的男性比例較高；因「合理化」、「體貼」而說謊的女性比例較高。

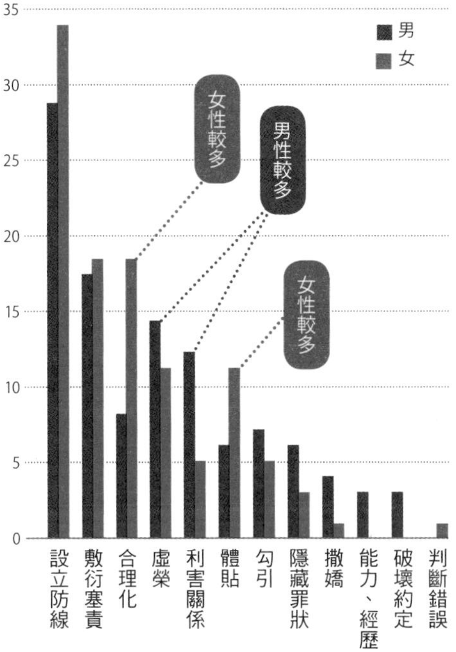

引自《山梨醫科大學年刊》〈人際關係中的謊言〉（澀谷昌三）

2 可以從哪些地方識破對方的謊言？

肢體語言比表情更容易露餡

擅長說謊的人

世界上**有些人不擅說謊**，當他想說謊時，態度、言詞表達就會變得不自然，於是馬上就被拆穿。相反地，**也有人擅長說謊**，說謊時自信十足，但內容可能沒有一句是真的。一般來說，以下幾種類型的人說謊比較不易被識破。

①**沒良心型**

如果覺得「我在做不該做的事」，言行就會變得不自然。**缺乏罪惡感*****的人，不認為說謊是壞事**，很少表現出不自然的言行，所以很難識破。

②**深信不疑型**

雖然實際上是說謊，但連自己都不認為自己在說謊，**合理化**（詳見⬇第一八八頁）就屬於這種類型，不只是欺騙他人，**也欺騙自己**。另外，**謊語症**（Mythomania，詳見⬇第一九二頁）等也屬於此類；因為本人確信自己說的是真話，當然沒有罪惡感。說的內容若沒有矛盾，看起來就不像假話。

③**坦然說謊型**

平常說謊的時候，**因為知道遲早會被揭穿，所以就更加泰然自若地說謊**，幾乎不會有不自然的言行。

***罪惡感**　認為自己做了壞事的感覺。因為心中存在「正確的規則」，當有脫軌的行為時，就會產生罪惡感。正確的規則，因人而異。

難以識破的謊言

一般來說，以下幾種人都擅長說謊。在重要的時刻，最好小心提防。

沒良心型

缺乏良心，說了謊，也不覺得認為自己在「做壞事」。詐欺犯即屬此類。

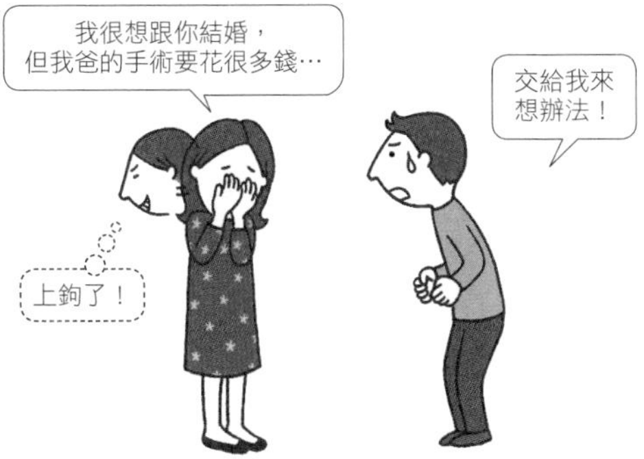
我很想跟你結婚，
但我爸的手術要花很多錢…
交給我來想辦法！
上鉤了！

深信不疑型

本人也堅信自己說的是真話。合理化與謊語症皆屬此類。

我天生體質弱，連上學都不太有力氣去。
這樣真是糟糕呢！

坦然說謊型

謊言被拆穿也不在乎。在半開玩笑的、輕鬆自在的說謊過程中，漸漸感覺不到說謊這件事的嚴重性與傷害。

那個點子是我想出來的
騙人！昨天 A 君才說是他想的……。這傢伙胡說

說謊的訊號，依照腳、手、臉的順序出現

除了語言外，人類溝通能力最強的部位是臉，其次是手，再來才是腳。也就是說。**人的情緒與想法，最容易出現在臉部表情上。**

不過，**謊言訊號的出現順序則恰好相反，最先是腳，再來是手，最後才是臉**。這點只要考慮說謊者的心理就能理解；說謊者為了不讓謊言被拆穿，會裝出一副**撲克臉***，也會留意容易引人注目的手部動作，但仔細的程度不至於連腳都顧慮到，所以不知不覺就會在腳上露餡。

有許多實驗研究人在說謊時的肢體語言。有個實驗請受試者說謊，錄下他的動作，比較他在說謊與沒說謊時有何差別。結果顯示，說謊時，他的腳部動作明顯變多，**如頻繁換邊蹺腳、抖腳等**。整體而言，動作變得較不穩重，顯得坐立不安。

說謊時也有把手藏起來的傾向，如雙手交握、把手放入口袋等。此外，顯而易見地，**也會有用手觸摸口、鼻周圍的動作**，這種動作稱為**自我親密行為**（詳見⬇第一一三、一一六頁），也就是想藉由碰觸自己的身體，使心情穩定下來。

令人意外的是，說謊時講話會變得非常流暢、侃侃而談；因為認為「說不出話會令人起疑」，對話的反應比平常還快。此外，**為了不露出馬腳，說話會盡量簡單扼要，不說多餘的話**。

不過，說話方式因人而異。說謊並沒有一定的模式，分辨是否說謊的標準，應該是「與平常是否有不同之處」。

***撲克臉**　喜怒不形於色、面無表情。玩撲克牌時，心理戰是特徵之一，所以玩撲克牌時都是不動聲色，面無表情。

發現說謊的訊號

艾克曼與弗里森（Ekman & Friesen）做過一個有趣的實驗，研究在第三者眼裡，說謊者是什麼樣子。

實驗　請受試者觀察說謊者被拍下來的影像（同一人的不同部位）。

A 組　只有頭與臉部的影像

印象
- 友好
- 開朗
- 好人
- 正直

B 組　只有頭部以下的影像

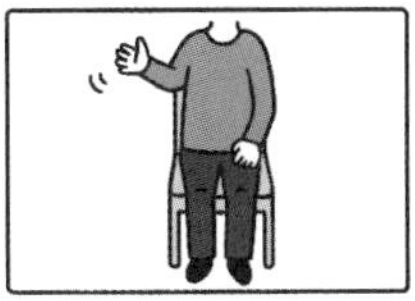

印象
- 緊張
- 神經質

C 組　全身的影像

印象
- 活躍
- 敏捷

結果　只有B組從被攝者的動作感覺到說謊徵兆。C組把所看到的坐立不安動作誤解為活躍、敏捷。也就是說，比起表情，從動作比較容易發現他人是否說謊。

3 「受歡迎」與說謊

假裝自己很受歡迎，以滿足需求

「因受歡迎而困擾」的背後

「學妹向我告白，真傷腦筋」、「雖然我對他沒意思，可是他完全不顧我的意願」……有些人會發這種牢騷，表示「自己因為受異性歡迎而困擾」。沒桃花運的人聽到這些話，不免妒火中燒。不過，這些話有時會讓人覺得有點可疑，因為你不認為他（她）有那麼大的魅力。

魅力這種事，是主觀的，或許他們有魅力，只是你無法體會。

不過，受歡迎也許只是他們自己說的，實際上異性緣根本沒那麼好。這種情況下，說謊可說是一種**替代行為**（詳見➡第一五〇頁）。

無法滿足的需求，由其他行為滿足

替代行為指**某種需求無法滿足時，改由其他行為來滿足**。例如，被最喜歡的人拒絕，就去找第二喜歡的人，就是常見的替代行為。在公司遭職權騷擾*（Power Harassment），累積不滿的人，可能為了發洩怨氣，對家人施加暴力。再舉個更淺顯的例子，原本想吃蒲燒鰻，但蒲燒鰻太貴了，便將就著吃蒲燒秋刀魚。

沒有異性緣的事實擺在眼前，許多人會因此灰心喪志。不過，有些人不久就接受這個現實，沉

* **職權騷擾**　因職務地位高，對他人施加身體或精神上的痛苦，大部分是由上司施加給下屬。

浸在自己的興趣中，或與同性朋友玩樂消愁。但也有人假裝自己很受歡迎，接受周遭羨慕的眼光。這種人一般來說是**愛慕虛**榮，但也是因為心中**糾結**。如果程度嚴重，可能被視為謊語症（詳見⬇第一九二頁）。

「用替代物將就將就」的替代行為

4 應酬話是為了自身利益而說謊

以逢迎討好行為獲得他人的好感，也是高明的溝通手段

應酬話不會傷害任何人

「真不愧是課長！說話一針見血」、「如果有課長的實力，離銷售額第一也不遠了」，有些人見到掌權者，就滿口肉麻的奉承話，就算周遭嘲笑他是「**馬屁精**」，他也當耳邊風。沒有人聽到讚美會不高興的，所以這種人會比較容易成功。

這類話雖然是謊言，但不會傷害到任何人，一般認為是溝通的手段。若能運用自如，可說是溝通的好方法。

討好他人的言行，在心理學稱為**逢迎討好行為**＊（Ingratiating Behavior）或**巴結**，「**應酬話**」就是其中一種。其他如「**貶低自己抬舉對方**」、「**贊同對方的意見**」、「**對某人特別親切**」，**都是典型的拍馬屁行為**。在工作場合，要不要迎合上司或客戶，是生死存亡的問題，所以拍馬屁的行為司空見慣。

當然，與鄰里或親戚來往等工作以外的場合，也可見到逢迎討好行為。應酬話說得太明顯，可能會令人不快，但若試著從「這個人應該是想得到我的好感」的角度，冷靜地觀察、分析，生氣的心情或許就能平穩下來。

＊**逢迎討好行為**　為得到特定人的好感而做出的行為。為了自我宣傳而「自誇」，若從討好他人的角度來解釋，也可說是逢迎討好行為。

逢迎討好行為的模式

逢迎討好行為有時也是使溝通順暢的技巧。最好能學會這種高明的處事之道。

讚美

說恭維對方的話，拍他馬屁。不過，離題的應酬話會產生反效果。

自貶

與自誇相反，藉由貶低自己，抬高對方，能使對方產生優越感。

贊同

贊同對方的意見。但若一直重複，反而會惹人厭。

親切

注意到對方的行動，照顧對方、親切對待。如此，會讓對方覺得「自己很特別」。

5 不自覺地說謊以保護自己

找個煞有介事的理由說謊，是為了替自己的行為辯解

以煞有介事的理由為自己辯解

有些人說謊是基於**防衛機制**。防衛機制是精神分析學家佛洛伊德提出的概念，指**潛意識中**，為**了自我防衛所採取的對應之道**。因為是在潛意識中，本人並沒有自己在說謊的自覺。

「**合理化作用**」可說是防衛機制的典型。「**酸葡萄心理**」（Sour Grapes）就是**找藉口為自己辯解**的著名例子。這個典故來自《伊索寓言》*。

一隻狐狸在森林中發現葡萄樹，但無論牠怎麼跳，也搆不到葡萄。最後狐狸累壞了，留下一句：「那些葡萄看起來很酸，一定不好吃。」然後就離開了。

像狐狸這樣，雖然很想吃葡萄，但得不到，就給它不合理的低評價，以平復挫折、保護自己，就叫做合理化作用。例如，大學第一志願落榜的人，刻意忽略自己不夠用功的事實，反而表示「我本來就不喜歡那間大學的校風（所以落榜也無所謂）」，就是合理化作用的表現。

有人改編了「酸葡萄」的故事，提出「**甜檸檬心理**」（Sweet Lemon）。

狐狸摘不到葡萄，在回家的路上採了檸檬。狐狸原以為那是橘子，發現是檸檬之後，為了替自己的行為辯解，嘴硬地說：「這個比剛才的葡萄

* **伊索寓言**　古希臘的寓言作家伊索（Aesop）所寫的寓言集。其中有許多在日本膾炙人口的故事，如〈螞蟻與蚱蜢〉、〈北風和太陽〉等。

還甜！」

人都認為自己的東西是有價值的。如果那件東西完全不符期待，就會設法編造理由，找出它的價值。例如，想上的大學全部落榜，進入備胎學校，便以「這間大學也非常好」來說服自己。用這種方式為自己的行為辯護，也可說是一種積極生存的智慧。

酸葡萄心理與甜檸檬心理

6 為了不丟臉而說謊

打預防針，為了避免傷及自尊或周遭對自己降低評價

打預防針以自保

考試前，一定會有人說「我都沒唸書耶」；運動比賽前，也會有人說「我的腳受傷了，根本不可能贏」。

先對周圍的人這麼說，萬一失敗了，就成了很好的**藉口**＊。「因為沒唸書，成績不好也是沒辦法的事（未必是能力不足）」、「因為腳受傷，比賽輸了也是沒辦法的事（未必是實力差）」。也就是說，先說這樣的謊言，就不會傷及自尊，或使周遭對自己的評價下降。

如果考試或比賽順利，就能讓周遭認為「雖然狀況不好，還是有那樣的能力」。成功的話，謊言就帶來更多價值。

像這樣事先準備「進展不順利時的藉口」，打好預防針，不管事情發展如何，都會占便宜，在心理學上稱為**自我設限**（Self-handicapping）。

找藉口會使成功機率下降

說這類藉口（謊言）的人，**看似謙虛，實際上大多為自大的人**。先打預防針，是為了不傷害自己的自尊。這種人的特徵是，**他們所用的藉口，都是跟自己的自尊心與能力無關的事**。

不過，大家也知道，**自我設限愈多，成功的機**

＊**藉口**　主張自己犯的錯並非自己責任的言行。或承認自己的責任之後，還有其他理由。

率也愈低。因為已準備好退路，就不會拚命努力。自我設限是對自己說謊，這樣的謊言或許會讓自己受傷較少，但確實會讓成功的路更遙遠。

先打預防針，就會有好結果？

這次的企劃就交給你了
○○企畫案
可是，因為我經驗不太夠…
颯—
…如果先這樣子說…
就算結果不太好…
好吧！這次是第一次，下次要加油喔！
我會努力的！
假如成果很理想…
做得很好。你雖然年輕，還真不簡單！
下次我會繼續努力
好像無論結果如何，都會被稱讚…
嘻嘻……

7 因強烈的虛榮心而說謊

大都有歇斯底里傾向，也可能是戲劇型人格違常

虛榮心強與戲劇型人格違常

據說謊語症中有許多**歇斯底里***（Hysteria）患者。「歇斯底里」雖然是常用的詞彙，但現在已經不是精神醫學用語了。現在，歇斯底里一般被描述為「雖然器官並無異常，但身體、精神功能發生障礙的疾病，其中有幾種症狀與謊語症結合」。

謊語症患者共同的特徵是**虛榮心**強。**他們極度希望自己看起來比實際上更好，並以謊言來表現。**例如，為了與富裕的朋友往來，假裝自己也是有錢人，像這樣的情況，還會加上「為維持朋友關

把空想與現實混為一談

吹牛時稍微加油添醋，通常是因為虛榮心作祟，這種人心眼還不至於太壞。不過，把子虛烏有的事說得像真的一樣，就是另一回事了；若程度嚴重，就稱為**謊語症**。

謊語症患者，**會把願望、空想和現實混在一起，並且堅信自己的幻想是真的**。他們能稀鬆平常、源源不絕地說出立刻會被拆穿的謊言，例如「我正在和某某藝人交往」、「我在國外有很多棟別墅」等。

＊**歇斯底里**　過去的精神醫學，歇斯底里指的主要是有轉化（Conversion）症狀與解離（Dissociative）症狀的精神疾患族群，現在一般指急躁或情緒起伏劇烈、無法控制的人。

係而不得不說謊」的**強迫觀念**（Obsessive Idea）。

有些虛榮心強的人是**戲劇型人格違常**（Histrionic Personality Disorder，簡稱 HPD）患者；**他們像演員表演一樣，過度向周遭索求注意**。這種疾病以女性占絕大多數，有九成之多。

這種人若不備受矚目，就會心懷不滿，用說謊來引人注意。一旦無法達到目的，就對周遭惡言相向，翻臉攻擊。他們相當外向，加上**身分認同***尚未確立，所以容易受他人的影響。

對這樣的症狀，他們並沒有病識感，所以不會自己去精神科就診，這通常會使問題惡化。

戲劇型人格違常患者在成長的過程中，經常被拿來跟他人比較。「不想被拋棄」、「希望被保護」的心情，似乎讓他們太過需要注意力，不惜說謊也要得到。

此外，**遇到困難時身體變差，也可說是謊語症的一種**。實際上，有些案例的身體狀況真的很糟，如不明原因引起暈眩或偏頭痛等。

口頭禪 TOPICS

老是在吹牛的「虛談症」

《吹牛大王歷險記》（The Adventures of Baron Munchausen）是吹牛大王男爵（孟喬森男爵）所說的異想天開的冒險經歷。滑稽逗趣的男爵大吹法螺，說他的打獵、水陸之旅、上月球下地底的故事，他很可能是虛談症（Confabulation）患者。順道一提，孟喬森男爵真有其人，這本書的原型便來自他的冒險故事。

虛談症患者中，也可見到思覺失調症與柯沙可夫氏症候群（Korsakoff's Syndrome）的患者。

柯沙可夫氏症候群是由慢性酒精中毒、頭部外傷等腦部受損所引起，除了說謊外，還有近期記憶力障礙、健忘等症狀。

***自我認同**　美國心理學家艾瑞克・艾瑞克森（Erik Homburger Erikson）所定義。又譯為「自我同一性」與「自我存在證明」。指心中對自己是什麼人、該做什麼事的觀念。

8 男性說的謊與女性說的謊

男性為了占優勢而說謊，女性為了關係和諧而說謊

男性還是女性比較愛說謊？

大家都覺得說謊不好，但恐怕沒有從未說過謊的人吧？謊言的種類各式各樣（詳見➡第一七八頁），而男性與女性說謊的意圖則略有差異。

有一個關於說謊的研究，訪問二百二十六位大學生與社會人士（請見左頁圖）。問卷中有一題是「你說過謊嗎」，結果，回答「說過謊」的大學生中，有百分之六十四的男性與百分之八十六的女性；社會人士中，則有百分之七十二的男性與百分之八十五的女性。兩份調查都顯示**女性「說過謊」的比例較高**。

但不能光憑這樣就斷定女性比較愛說謊。因為女性容易有**自我揭露**（詳見➡第八〇頁）的傾向，男性即使說謊，也不會輕易告訴他人。所以到底是男性還是女性比較愛說謊，並不是那麼容易判斷。

說謊的理由也不同

說謊的內容也有性別差異。**男性的謊言多與虛榮、利害關係、能力或經歷有關，女性說謊大都因為合理化作用***（詳見➡第一八八頁）**或體貼**（詳見➡第一七九頁）。為什麼會這樣？大家來試著思考一下吧！

男性本能就是很在意輸贏。原始時代開始，到

＊**合理化作用**　佛洛伊德提出的防衛機制之一，是從挫折中保護自己的因應方式。對於無法到手的東西，給予不合理的低評價。

說謊的比例？

訪問了二百二十六位大學生與社會人士的說謊研究顯示，女性說謊的比例較高。但因性別差異，男女有不同的傾向，不能說女性就比較愛說謊。

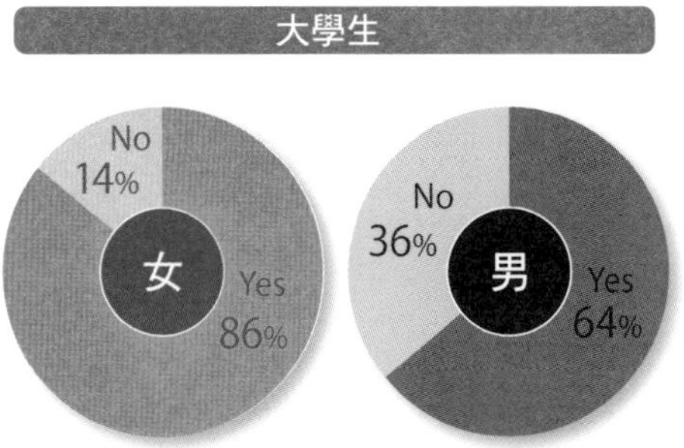

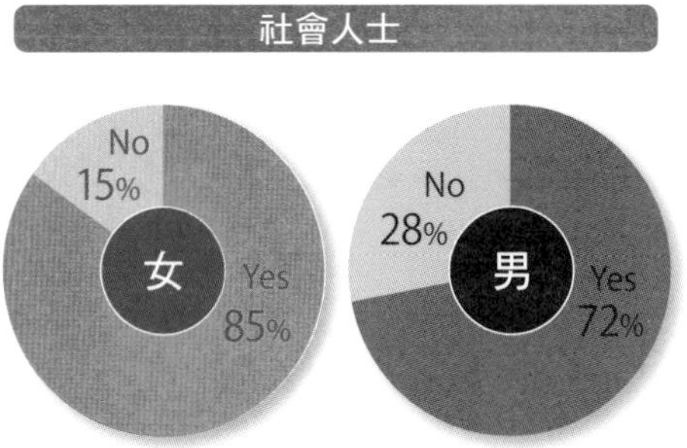

社會人士說過謊的比例比大學生高。因為出社會後，經過各種難題的歷練，漸漸可以把說謊視為溝通手段。

引自《山梨醫科大學年刊》〈人際關係中的謊言〉（澀谷昌三）

戰國時代，然後是兩次的世界大戰，從歷史來看，擔當與敵人戰鬥任務的都是男性。現在離二戰後將近七十年了，這樣的傾向仍相當強烈。例如，運動比賽時，若支持的運動隊伍輸了，淚流滿面、遺憾不已的是男性。吵架時，要吵到自己贏為止的也是男性。男孩子喜歡玩勝負分明的遊戲。因此，男性說謊**大都是為了要比對手占上風**。

而女性認為關係和諧是最重要的。許多情況下，女性說謊是為了避免風波。不只不希望與周遭的關係生變，也不想要自己的內心起波瀾，所以想巧妙地找個藉口緩衝。因此，**合理化作用**（詳見➡第一八八頁）**的謊言比男性多**。

女性看穿謊言的能力較強

男女間常上演各種有關說謊的戲碼，例如男性說謊被女性識破、指責。這種場景在戲劇中也會看到。實際上，從出軌這種大謊到微不足道的小祕密，男性的謊言似乎都會被女性看穿，這就是所謂「**女性的直覺**」*。一般認為，**女性解讀謊言的能力比男性高明**。

前文討論過，看穿謊言要從什麼地方下手（詳見➡第一八二頁）。**女性可能是經由社會學習，學會了從非語言溝通的暗示，解讀對方的情緒與心理狀態**。

一般認為，男性沒有女性那麼擅長識破情侶之間的謊言。**戀愛關係中，男性有容易被女性欺騙的傾向**。為什麼呢？可能是因為男性對「說謊時的態度」有既定觀念，女性便將計就計。例如，女性能夠違反「說謊時會閃避對方目光」這項原則，直視男性的眼睛說謊。

解讀對方的態度、動作或表情，以理解其心情，在心理學中稱為**解碼**（Decoding）。相反地，**用態度、動作或表情表達自己的心情則稱為編碼**（Encoding）。女性解碼能力優秀，所以能看穿男性的謊言；男性解碼能力不如女性，因此難以看透女性的謊言。

***女性的直覺**　「直覺」就是我們日常說的第六感、莫名其妙的預感、心電感應、分寸、步調等意思。「直覺敏銳」指雖無明確根據，卻能直接察覺到事件。

編碼與解碼

編碼的意思是「符號化」，解碼的意思是「解讀」。擅長編碼的人，能正確表達自己的心情。

編碼 ‖ 符號化　不用語言，只用表情、動作及態度，表達自己的心情。	解碼 ‖ 解讀　從表情、動作及態度，解讀對方的情緒或心情。

擅長編碼 ← 溝通 → 擅長編碼

➡對方正確傳達自己的心情

擅長解碼 ← 溝通 → 不擅編碼

➡對方雖然表達了自己的心情，但不被理解

不擅解碼 ← 溝通 → 不擅解碼

➡對方並未傳達自己的心情，容易產生誤解

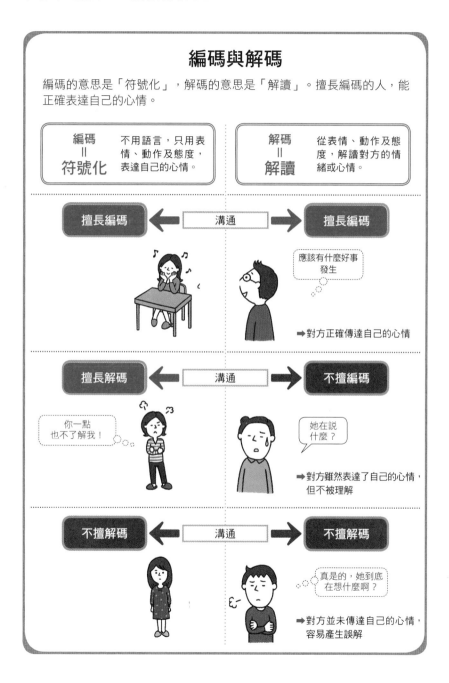

謊言若是被拆穿，別找藉口，道歉就對了

不管什麼樣的謊言，大都會被拆穿。要維持謊言是非常困難的，當破綻漸漸出現，事實就明朗化了。

無論謊言內容的嚴重性如何，重要的是被拆穿時的應對方式。如果為了將謊言正當化，說了第一個謊後，再用第二個謊來圓，謊上加謊的結果，一定會發生前後不一的狀況。如此，不僅失去道歉的機會，自己也走進謊言的死胡同，一籌莫展。

當你的謊言被拆穿，最好立刻老老實實地道歉。在這種時候，如果還在找藉口或辯解，只會讓人覺得你不承認錯誤，可能會讓對方更生氣。

男女都會對說謊感到憤怒，但憤怒的點並不相同。男性生氣的是對方說謊的事實，女性生氣的是對方說謊讓自己受傷。因此，女性向男性道歉時，應該針對說謊的事實道歉；男性向女性道歉時，應該對讓她感情受傷的部分表達歉意。

第6章

從男女的外表了解戀愛心理

1 男性會注意女性的哪些地方？

「女朋友」的外表要能激起欲望，「結婚對象」必須要能照料自己

男性用「外表」判斷女性

最近，跟年長女性交往的男性愈來愈多，但大多數男性仍希望性伴侶是年輕女性，也會不由自主地被擦肩而過的美女吸引。也就是說，**男性往往用「外表」判斷女性**。對「好女人」的標準，男性和女性也不一樣。

為何男性喜歡年輕女性呢？這點可由男性本能的角度來說明。**年輕是生育能力***（Fertility）**的指標，男性為了確保能留下自己的基因，出於本能會追求年輕健康的女性**。

例如，胸圍與臀圍比例為七比十，擁有水蛇腰的女性會讓人覺得「性感」。有彈性、高挺的胸部與豐滿的臀部、水嫩的肌膚，都是「多產」女性的形象。注目、幻想這樣的女性，可說是基於男性本能的衝動。

結婚對象是要照顧自己的女性

不過，**若從結婚對象的角度，對女性的看法就不一樣了**。例如，問單身男性「想跟什麼樣的女性結婚」，他們通常會回答「很會做菜的人」、「堅強的人」或「體貼的人」等。問已婚男性「你太太有什麼優點」，他們通常會說「做菜很好吃」、「很會做家事」、「家計掌控得很好」等。

***生育能力**　生小孩的能力。有資料顯示，男性雖然沒有女性明顯，但隨著年齡增長，精子的質與量都會逐漸降低。

什麼樣的女性能勾起男性的欲望？ ♂→♀

男性本能地追求年輕、健康的女性。男性覺得有魅力的女性外表，如凹凸有致的身材，有彈性、光潤的肌膚等，都是年輕與健康的指標。

閃亮的秀髮

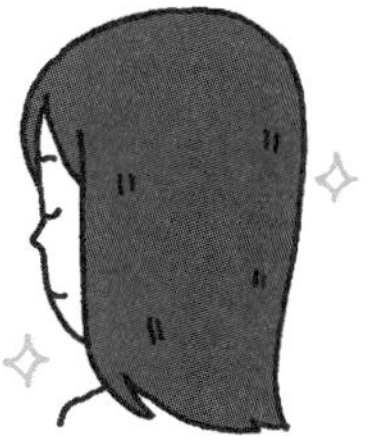

有彈性、高挺的胸部

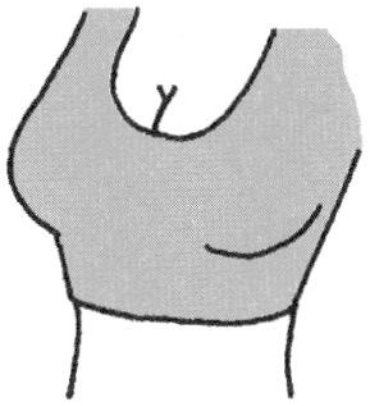

水嫩、緊緻的肌膚

纖細、曲線玲瓏的腰

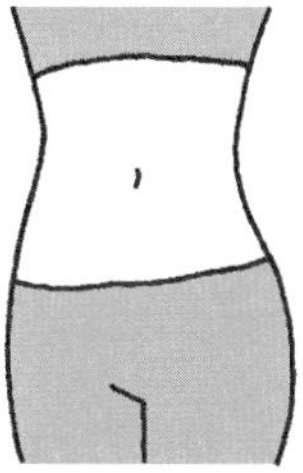

豐潤的唇

豐滿的臀部

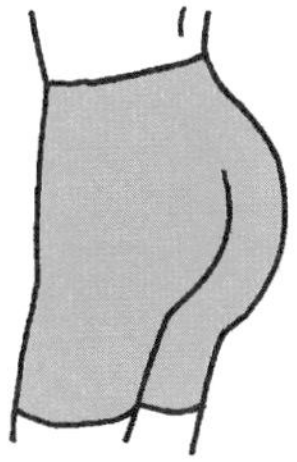

開朗的表情

緊實的腳踝

直挺的背

這些答案，可說都是**自己希望得到的服侍**。也就是說，**男性尋求的結婚對象是能照料服侍自己的女性**。要長久共同生活、建立生活的基礎，不是該找能守護自己的人嗎？

若是可以向朋友炫耀的美女，性愛生活又完美，就再好不過了。順道一提，如果能挑個美女當女朋友或老婆，讓擦身而過的人回頭看、朋友投以羨慕的眼神，就能滿足男性的自尊心。也就是說，男性**期待託美女的魅力而沾光**＊（Basking in Reflected Glory，簡稱 BIRG）。如此，即使男性本人乏善可陳，也能得到名不符實的高評價。

外表 TOPICS

在愛中成長的女性受男性歡迎

男性偏好找年輕、性感的女性為性伴侶，但戀愛對象卻未必以此為標準。比起胸部大小或臀型，他們更重視戀愛對象的人品、智慧與幽默感；這些方面表現優秀的女性，才會讓男性認真。

當然，若是美人胚子就再好不過。不過，能大方地道謝與道歉、總是開朗快活、不找藉口、喜歡小孩的女性，更容易給人好印象。一言以蔽之，就是「在愛中成長的女性」。

在父母與周遭人的愛中成長的女性，會因愛人而感到喜悅，也會以身為女性而驕傲。因為她們會接受別人的善意，也不會拒絕付出，與他人能建立信任關係。

＊沾光　強調在社會上得到高評價的個人或團體與自己的關係，洋洋得意，想藉此提高自我評價與他人對自己的印象。

男性在意的女性外表

♂ → ♀

有些事女性不介意，男性卻當做缺點來檢視。到底男性在意的是什麼呢？

崇尚名牌

初次見面時，服裝與用品都堅持用名牌的女性，會被貼上「敗金女」的標籤。

化妝

濃妝豔抹給人「花枝招展」的印象，往往會讓人覺得不檢點。逢場作戲或許還可以，但通常不會當成真命天女。

職業婦女

社會上再怎麼說男女平等，男性還是保守的。女性如果在工作上一副精明幹練的樣子，往往會令男性退避三舍。

齒列

人們初次相見第一眼看的是臉，對話時注意到的則是牙齒。笑時露出來的牙齒如果不整齊，會讓人覺得「不想吻她」。

用餐禮儀

吃東西時手肘撐在桌上、邊玩手機邊吃東西等，皆違反用餐禮儀，讓人不想跟她約會。

2

女性喜歡的男性長相

女性一開始還是會被帥哥吸引

雖說「男人長相不重要」

「男人長相不重要」這句話通常是男性自己說的，讓人聯想到一群男人嫉妒受歡迎的帥哥*同事的畫面。女性如果說這句話，可能是在嫉妒朋友交到帥氣男友的時候。

儘管如此，**女性還是會受容貌俊美的男性吸引**。女性之間也常出現以下對話：「今天遇到一個帥哥」、「那家咖啡店有個男的很帥，要不要過去看看？」

一般來說，**女性喜歡沉溺於想像、幻想之中**。她們會在心裡描繪理想的男性形象，幻想自己與他結婚。在她們的幻想中，帥哥必定心地善良。另外，也可能是在潛意識中，**女性出於本能想留下優良的基因**，所以一開始才會被帥哥所俘虜。

喜歡的容貌隨時代而改變

那麼，女性喜歡哪種男性長相呢？這依時代而有所不同。有段時間，**醬油臉、醬汁臉***是相當熱門的話題。醬油臉是最典型的日本臉，有細長的眼睛、清爽的臉型。醬汁臉則是五官較立體、輪廓深，比較不像日本人。

另外，也有「**男相**」、「**女相**」之說。男相的皮膚彷彿長在骨骼上，比較有稜有角，下巴發達，

*帥哥　美男子。一九九九年某雜誌編輯將「帥斃了的男人」簡稱「帥哥」，之後廣為流傳。雖是流行語，但因大家持續普遍使用，已成為固定用語。

看起來有強大的意志力。女相則臉頰豐滿、骨骼感不明顯，感覺比較柔和。

有實驗顯示，**從女性的角度來看，女相的男性比較受歡迎**。也就是說，男性的臉若讓人有溫柔的印象，容易讓女性產生好感。但日本昭和初期的情況似乎恰好相反。果然，女性對男性的偏好會隨時代而不同。

男相和女相，女性比較喜歡哪一種？

♀ → ♂

男性的臉孔中，有些比較陰柔，有些則較為陽剛。女性對哪一種比較有好感呢？

男相

- 皮膚彷彿長在骨骼上，有稜有角
- 下巴發達
- 鼻梁高、輪廓深
- 眉毛較粗
- 看起來意志堅強

女相

- 臉頰豐滿、骨骼感不明顯
- 肌理細膩
- 五官較小
- 下巴較尖
- 柔和感

＊**醬油臉、醬汁臉**　一九八七年起，女性評論男性臉蛋的用詞。隔年得到日本流行語大獎的大眾獎。此外還有美乃滋臉、番茄醬臉等。

3 女性喜歡的男性體型

女性本能喜歡陽剛的體型

精瘦型猛男當道

女性評價男性時，身材是一大重點。**女性似乎本能上特別嚮往陽剛的體型**。

根據某問卷調查，二十多歲的女性，半數以上喜歡**精瘦型猛男**。其次是中等身材、瘦長型、肌肉男、微胖型、矮小型（請見左頁圖）。喜歡的體型也會隨時代而不同。精瘦型猛男指像拳擊手一般，瘦歸瘦，但有適當的肌肉。也就是「**穿衣顯瘦，脫衣有肉**」的身材，相當吸引女性。

中等身材就是不胖不瘦的「普通」身材，對女性來說，感覺也算不錯。**可能是因為自己就是中等身材，對男性沒有太多要求，只希望伴侶跟自己差不多就好**。

瘦高型，類似少女漫畫中的修長型男。喜歡這種體型的心理，跟**嚮往模特兒身材**是一樣的。喜歡瘦高型的女性，最怕肌肉男。

與瘦高型恰恰相反的是身材魁梧的**肌肉男**。有些女性傾心強壯的男性，幻想自己能被「公主抱」。**這種可說是最能讓人感覺到男性費洛蒙*（Pheromone）的體型**。

也有女性喜歡**微胖**的男性。可能是覺得「可愛」、「觸感可能很舒適」，想把他當作寵物一樣好好疼愛。

***費洛蒙** 在體內生成，分泌到體外，造成同種其他個體的特定行動或變化之物質。大家都知道費洛蒙會引起性興奮，所以這個詞普遍用來表示「性魅力」。

女性喜歡的男性體型

♀ → ♂

一般來說，女性喜歡什麼體型的男性呢？有問卷調查顯示，雖然每個人的喜好都有不同，但最受歡迎的是精瘦型猛男。

精瘦型猛男 1位　中等身材 2位　瘦高型 3位　肌肉男 4位　微胖型 5位

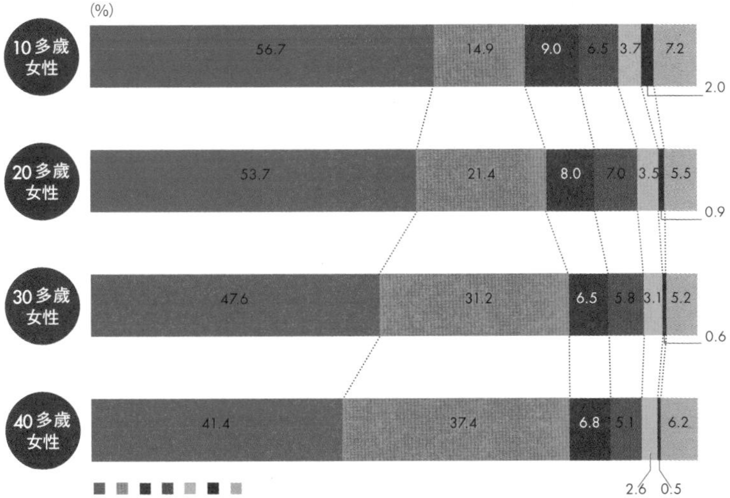

■精瘦型猛男　■中等身材　■瘦長型　■肌肉男　■微胖型　■矮小型　■其他

※日本「研究小組公司」（リサーチパネル）所做的調查，受訪者為五萬八千五百四十位十多歲至四十多歲的女性。

4

女性喜歡與不喜歡的男性

看起來髒髒的男性，女性生理上就抗拒

女性重視男性的乾淨整齊勝於外貌

女性一開始會受男性的長相或身材所吸引，對其懷有憧憬或幻想；**但若以結婚對象的角度來考慮，對長得帥不帥就不會那麼執著，而會更重視內涵**。考慮的重點會放在與對方相處時是否感到舒服、與自己的性格是否合得來。因此，外表沒有太扣分的男性，可說是不缺戀愛的機會。

外表扣分的男性，簡而言之就是「**給人骯髒印象的人**」*。就算長得帥，但讓人感覺髒髒的也是不及格。

女性對於髒的東西，生理上就有嫌惡感。而且和髒兮兮的人在一起，彷彿連自己的身價也降低了，讓人覺得不舒服。

例如，看到掉在肩膀上的頭皮屑、白襯衫袖口或領口的汙垢、皺巴巴的衣服、有破洞的襪子，都很令人掃興。至於多汗的人，女性往往在「本能上就倒胃口」。因為握手時手汗會黏黏的，靠近時會聞到汗臭味，這些都令人討厭。痘痘也會給人不乾淨的印象，滿臉痘痘的人，最好考慮到皮膚科治療。

另外，嘴唇周圍的保養也很重要。口臭、菸臭味、牙齒不整齊等也要注意。

＊**給人骯髒印象的人**　除左頁圖所述情況以外，手指甲太長、每天穿同一件衣服、電腦的滑鼠黏糊糊的，都會令女性厭惡。

男性外表該注意的地方

♀ → ♂

女性在意的是乾淨整齊。初次見面就髒兮兮、衣冠不整，壞印象就會一直縈繞不去。為了不讓人有生理上的厭惡感，必須注意最低限度的儀容修飾。

乾淨整齊

▼

肩上有頭皮屑、頭髮油膩、鈕扣脫落、襪子有破洞，衣領或袖口有汙垢等，一看就覺得這人髒髒的。

多汗、體臭

▼

女性生理上會抗拒多汗的人與汗臭的衣服。但有些女性可以接受肌肉男、精瘦型猛男的汗水。香水擦太多也會令人生厭。

齒垢、口臭

▼

有齒垢、口臭、菸臭味、齒列不整，都讓人有邋遢的感覺。

臉不乾淨（痘痘）

▼

痘痘多到誇張的臉最令人無法忍受，皮膚粗糙也會被女性嫌棄。

鞋子狀況太糟

▼

西裝、髮型乾淨整齊，但鞋子很髒、破破爛爛，相當令人掃興。

生理上抗拒

在日本，常有女性說「**我在生理上無法接受他**」之類的話，男性倒是很少這麼說。所謂的**生理現象**，是指「生物體伴隨生命活動所產生的現象」（《廣辭苑》），但「生理」也有女性「**月經**」*的意思。也就是說，男女身體結構不同，腦部的運作方式也有差異。因此，女性才會毫不猶豫地說出「生理上抗拒」這樣的話。

此外，**女性判斷事物，常以是否令自己感到愉快為標準**。讓自己感到愉快的就是好人，讓自己不愉快的就是合不來的人。予人不潔感的人會令自己不快，就判定為「生理上無法接受」；女性會這麼說，是表示「這個想法根深蒂固、無法推翻」的意思。

女性喜歡工作能力強的男性

那麼，女性重視男性哪方面的內涵呢？首先是**工作能力**。**工作是男性最主要的身分象徵**，認真工作的樣子，會讓人覺得很可靠，也讓人覺得他**經濟穩定、有前途**。**若從結婚對象的角度來考慮，這點十分重要**。

不過，工作幹練但不擅溝通的男性則令人敬而遠之。有緩和現場氣氛的能力，也是吸引女性的一大重點。同樣地，女性也喜歡有幽默感的人，長得不帥的搞笑藝人會紅，就是因為能引人發笑的男性很討喜。相反地，悲觀、陰沉的類型則惹人厭。

此外，知道自己適合什麼樣的風格、懂得關心別人、笑容燦爛的男性，對女性也極具吸引力。

＊**月經**　女性到了生育年齡，漸漸開始分泌女性荷爾蒙，就有了月經。因為是女性生理現象的一種，所以又稱「生理」（譯注：如經痛又稱為生理痛、經期又稱為生理期）。

女性重視的男性內涵

♀ → ♂

女性以男友或結婚對象為標準來看待男性時，會更重視內涵而非外表。女性想找的是能帶給自己快樂與未來穩定感的人。

工作能力強

認真工作的樣子讓人覺得很可靠，也讓人覺得他經濟穩定、有前途。

善於溝通

擅長與人對話、能緩和現場氣氛的人。男性若能讓心儀女性看到自己擁有她所缺乏的知識，就能博得更多好感。

有幽默感

就像搞笑藝人受歡迎一樣，有幽默感、能引人發笑的男性，也會吸引女性。

溫柔

經常關心、聯繫別人的人，會讓人覺得自己特別受到關注。

笑容燦爛

經常保持陽光般的笑容，或偶爾露出靦腆笑容的男性，會讓女性怦然心動。

有自己的風格

知道自己適合什麼風格的服裝。如果只是耍帥但不適合自己，也是白費工夫。

5 一見鍾情是如何發生的？

是真的符合自己的理想，還是錯覺？是因為跟自己相似才喜歡他嗎？

錯覺與配對假設

無論是男對女或女對男，都可能**一見鍾情***。一見鍾情就是從初次見面那一刻起便心神蕩漾，心想：「就是這個人！」那麼，一見鍾情是如何發生的呢？

一般認為有三個原因。第一是**錯覺**，許多人會將認識的人想像成自己的理想對象，如「理想情人是像演員○○那樣的人」。如果有類似形象的人在眼前出現，**就以為「理想的人＝喜歡」**，於**是一見傾心**。也可以說，**因為錯覺而瞬間神魂顛倒**。不過，這種情況可能在交往期間逐漸夢醒。

第二個原因是，**對臉部特徵和自己相似的人容易一見鍾情**。據說人對眼、鼻、口、耳等五官形狀或位置與自己相似的人會有親切感，容易產生好感，這在心理學中稱為**配對假設**（Matching Hypothesis，詳見⬇第二一四頁）。也就是說，相似的人之間容易發展戀情。

吊橋效應產生一見鍾情的錯覺

第三個原因是，**共同體驗驚險與恐怖的男女容易發展出戀情**。如加拿大心理學家達頓（Donald Dutton）與艾倫（Arthur Aron）所做的「**吊橋效應實驗**」）。研究者將受試者分為兩組，受試者

***一見鍾情**　法文稱為「被閃電打到」（coup de foudre）。根據美國某調查，有一見鍾情的經驗者中，有百分之七十發展為長期交往（包括結婚）。

為男性，另安排了一位女研究員。一組受試者走搖搖晃晃的長吊橋，另一組走堅固的低矮木橋。受試者分別過橋時，女研究員上前攀談。結果顯示，比起走堅固木橋的男性，走搖晃吊橋的男性對女研究員較有興趣。也就是說，**恐怖與驚險的事件發生時，人會把心臟撲通撲通跳的生理反應誤以為是戀愛**，於是認為「自己與那位女性一見鍾情了」。這在心理學中稱為「**錯誤歸因**」*（Misattribution），亦即對行為的原因推論錯誤——並未找出真正原因，而以為是其他原因所致。

一見鍾情是怎麼發生的？

有三個具代表性的假設，說明一見鍾情如何發生。

假設 1 ▶▶▶ 錯覺

誤以為「理想的人＝喜歡」。看到類似心目中理想形象的人時，就以為真命天子／女出現了。

假設 2 ▶▶▶ 配對假設

人對於眼、鼻、口、耳等五官形狀或位置與自己相似的人會有親切感，容易產生好感。

假設 3 ▶▶▶ 吊橋效應

經歷恐怖與驚險事件時，若遇見有吸引力的人，會把緊張時的心跳加速誤以為是一見鍾情的小鹿亂撞。

***錯誤歸因**　「歸因」指推論自己或環境中發生的各種事件、行為的原因，經由該推論，進一步判斷自己或他人的內在特性。錯誤歸因有時會產生負面作用，有時會產生正面作用。

6

外表相似者配成一對

因為怕被拒絕，所以選擇跟自己條件相當的對象

選擇外表條件相當的對象

誰都希望自己的戀愛對象是帥哥美女，而非其貌不揚的人。不過，若真遇到回頭率高的俊男美女，恐怕會一開始就放棄吧！因為覺得「對方不會跟我交往」。**人一方面被俊男美女吸引，同時又怕被拒絕**。因此，**會不自覺地選擇外表條件跟自己差不多的對象**，這在心理學上稱為**配對假設**＊。

不只外表美醜，興趣、服裝品味等相似的部分愈多，就愈容易在一起。

類似性法則與鏡像模仿

一般來說，不只外表，**如果遇到成長環境、學歷、價值觀、宗教觀、休閒娛樂、態度等都相似的人，就很容易被吸引**。雖然一開始彼此並不認識，但見過幾次面後，發現這些類似之處，就會馬上湧現親切感，與對方的距離也縮短了，這稱為**類似性法則**。

類似性法則包括①性格、價值觀類似的人容易彼此往來；②交往時心理負擔較少，因為比較不需花心思配合對方；③因為與自己想法相似，所以容易預測對方的行為，自己的意見也比較容易

＊**配對假設**　美國心理學家博薩德（J.H.S.Bossard）等提出的想法。假設終歸要由當事人來成立。有時周遭的人覺得兩人各方面條件並不平衡，但當事人可以接受。

獲得贊同。我們可以運用第③點來縮短與對方的距離，也就是用**鏡像模仿**（Mirroring）的方式。鏡像模仿指**刻意像鏡子一樣模仿對方的行為或聲音等**。

例如，對方蹺腳，自己也試著蹺腳；對方喝咖啡，自己也去拿一杯飲料。對方如果說話比較慢，自己也試著稍微放慢說話速度。這麼做的話，短時間內，兩人應該能有機會更進一步。不過，如果模仿得太露骨，會遭致反效果，令對方不快。所以，祕訣是不能讓對方察覺到你在模仿他。

「相似者」的選擇方式

選擇與自己相似的人為對象，稱為配對假設。為取得兩人之間的平衡，人會選擇什麼樣的對象呢？

自我評價高的人

➡ 選擇有魅力的人

自我評價低的人

➡ 選擇不太有魅力的人

想選擇有魅力的人為戀愛對象，
提高自我評價

就算是我，
肯做的話
就做得到！

7

女性會配合心儀對象

配合對方的喜好，讓對方產生「這個人適合我」的印象，使對方喜歡自己

換一個喜歡的人，服裝也會跟著改變

有時你會看到長髮的女性朋友忽然剪了短髮，正感到狐疑之際，才知道她換了男朋友。有的人不只髮型，連興趣、嗜好也會為了配合男友而改變。比起男性，**女性似乎更會配合心儀對象的喜好**，有實驗證明了女性這樣的心理。

美國普林斯頓大學（Princeton University）召集一群女大學生，先確認她們是事業取向，還是家庭取向，再告訴她們「這個實驗跟第一印象有關」。接著，交給她們某個男生的簡歷，上面寫著「二十一歲，身高一八三公分，同樣是普林斯頓大學學生，目前大三。興趣是開車兜風與運動。正在徵女友。理想中的女性是態度和善、以家庭為重、在人前能輔助丈夫」。

研究者請女學生填問卷，告訴她們，要將她們的資訊交給那個男生。問卷中的問題以不讓受試者察覺的方式，鑑別她們是事業取向還是家庭取向。

分析答案時，發現一開始回答「事業取向」的女生，有許多變成「家庭取向」。也就是說，我們可以從這個實驗的結果看出，為了獲取優質男生的好感，女生會不自覺地配合他的喜好。**想讓自己的印象符合對方喜好的心理，稱為印象管理**＊。

＊**印象管理**　指人們為了給他人更好的印象而改變自己。印象管理有高明的，也有拙劣的。美國總統選舉的包裝也可說是一種印象管理。

勉強自己的印象管理將破綻百出

若印象管理奏效，那就可喜可賀。剛開始交往時，為了讓對方肯定自己，努力進行印象管理，演扮對方喜好的女性形象。不過，當漸漸疲於印象管理，開始露出真面目時，對方可能會想：「剛認識時很好，怎麼現在……」於是就變心了。所以大家要知道，**勉強自己的印象管理會消耗心力，結果仍會失去幸福的戀情。**

印象管理過度會招致反效果

變成對方喜歡的樣子、討好對方，是自然的反應，但切忌勉強。忠於自己是很重要的。

1 喜歡A君，
所以剪了他喜歡的髮型

2 後來喜歡上B君，
配合他去看運動比賽

3 然後又喜歡上C君，
打扮成他喜歡的千金小姐風格

印象管理要適可而止

8

不要錯過「喜歡」的訊號

心儀的人對自己有什麼看法？來試探一下，看自己有沒有機會

接下來會介紹有關交往機會的訊號。我會分別說明哪些是男女共通的訊號（左頁圖），哪些是男性的訊號（詳見⬇第二二〇頁），哪些是女性的訊號（詳見⬇第二二一頁）。不過，這並不能一概而論，因為每個人表現訊號的方法不同。有些人會明確發出訊號，有些人則不諳此道。另外，解讀訊號的能力（**編碼**、**解碼***，詳見⬇第一九六頁）也因人而異，這點希望大家能理解。

有機會？或者只是朋友之一？

喜歡上某個人時，會想知道他對自己有什麼看法。尤其對方有很多異性朋友時，會想確認自己只是其中之一？還是有一線希望？

沒有勇氣直接問他，也不好意思請朋友幫忙問。其實，**只要觀察對方的態度與言行，應該可以從中發現蛛絲馬跡**。如果能確認是否有機會，就比較容易決定下一步的行動。

如果覺得有機會，或許可以積極追求；若覺得沒機會，但仍喜歡他，也可以擬定策略，讓他多看自己一眼。或者乾脆另尋目標。

***編碼、解碼**　以態度、表情表達心情稱為編碼。解讀對方的態度、動作、表情，以理解其心情，稱為解碼。

對方有機會時，男女都會發出的訊號

無論男女，在對某人有興趣或好感時，會有什麼樣的動作與態度呢？

找對方討論煩惱

一般認為，人們討論煩惱（自我揭露，詳見➡第一三〇頁）的對象，有極大機率是自己心目中覺得特別的人。「共享」能提高兩人親密感，如果共享的是「私密的煩惱」，會使兩人的關係更上一層樓。

身體接觸

在工作場所遞給你一杯咖啡，對你說「辛苦了」，拍拍你的肩。或是對著開玩笑的男性說：「好好笑！」同時拍他的背。總是若無其事地觸碰對方的身體，顯然是對對方有意思。

縮短距離

開會或聚餐時坐在你隔壁，是因為想縮短距離，和你更親近。意圖藉由物理距離的接近，縮短心理的距離（博薩德法則*）

盯著你看

眼神接觸（詳見➡第四八、五〇頁）是表示好感的基本行為。不過，害羞的人即使對某人有好感，也可能因為緊張而不敢和對方眼神交流。

＊**博薩德法則**　此法則名稱來自美國心理學家博薩德的調查研究（居住地點相近與婚姻選擇的關係），指男女間的物理距離愈近，心理距離愈短。

對方有機會時，男性會發出的訊號 ♂→♀

他說不定喜歡我——會讓你這麼想的男性會發出什麼訊號呢？

常盯著你看

即使與他稍微有點距離，也能感覺到他的視線，表示他對你相當在乎。

傾聽你說話

對你說的話感到很有興趣，認真傾聽，也會提出問題，是他對你有興趣的證據。

不討厭兩人獨處

偶爾兩人單獨相處時，態度光明正大，不排斥被他人看到。

郵件或電話必回

寫郵件或打電話給他時，如果他當下無法回覆或接聽，晚點一定會回，因為他在意你。

對方沒機會時，男性會發出的訊號 ♂→♀

男性對女性沒意思的訊號，就是表現出與女性不一樣的態度。

雖然跟你在一起，卻在看別的女性，也沒在聽你講話。

問他「下次什麼時候再見面」，他卻岔開話題，說「過幾天再跟你聯絡」。

兩人單獨相處，他卻在回信、寫信。

不想聽你說話，也完全不想告訴你他自己的事。

對方有機會時，女性會發出的訊號 ♀→♂

她說不定喜歡我——會讓你這麼想的女性會發出什麼訊號呢？

見面時總是打扮得很漂亮

在你面前時，服裝、髮型總是精心打理過，想讓自己在你眼中看起來更漂亮，這證明她想引起你的注意。

問你喜歡什麼類型的女性

若無其事地問你喜歡什麼類型的女性。女性會特地配合心儀男性的喜好（印象管理，詳見 ➡ 第二一七頁）。

問你的興趣是什麼

一般認為，想參與對方有興趣的活動，也是一種印象管理。聊天的時候也會努力附和你。

不排斥身體接觸

女性在討厭的人靠近時會避開（個人空間，詳見 ➡ 第一〇五頁）。不排斥肢體稍微接觸，表示你機會不小。

對方沒機會時，女性會發出的訊號 ♀→♂

女性有比男性冷酷的一面，通常會以言語告訴對方。

郵件的回覆多為社交辭令

約她出去，她總是回覆「有機會再去」或「大家一起去吧」，不會寫什麼具體的事，就是隱約表達拒絕之意。

強調「朋友」關係

察覺你對她有意思時，強調「我們是朋友關係」，是要提醒你「你沒機會」。

喜歡與你相反的類型

例如，告訴你「我喜歡的類型是肌肉男」。喜歡的類型跟你差距極大，讓你知道你完全沒機會。

11～15劃

16～20劃

INDEX
索引

1～5劃

6～10劃

圖解行為心理學（二版）

一看就懂的超強識人術！
心理學家助你破解肢體語言與口頭禪的祕密，從交友、戀愛到職場都更受歡迎

面白いほどよくわかる！見ため・口ぐせの心理学

作　　者　澀谷昌三
譯　　者　林雯
美術設計　郭彥宏
內頁排版　簡至成
行銷企劃　蕭浩仰、江紫涓
行銷統籌　駱漢琦
業務發行　邱紹溢
營運顧問　郭其彬
特約編輯　陳慧淑
責任編輯　劉淑蘭、賴靜儀
總 編 輯　李亞南
出　　版　漫遊者文化事業股份有限公司
地　　址　台北市103大同區重慶北路二段88號2樓之6
電　　話　(02) 2715-2022
傳　　真　(02) 2715-2021
服務信箱　service@azothbooks.com
網路書店　www.azothbooks.com
臉　　書　www.facebook.com/azothbooks.read
發　　行　大雁文化事業股份有限公司
地　　址　新北市231新店區北新路三段207-3號5樓
電　　話　(02) 8913-1005
訂書傳真　(02) 8913-1056
二版一刷　2023年4月
二版四刷(1)　2024年3月
定　　價　台幣450元
ISBN　978-986-489-776-6

原書STAFF
封面插畫　たむらかずみ、平井きわ
插　　畫　あらいのりこ、たむらかずみ、平井きわ
漫　　畫　たかはしみき
設　　計　佐々木容子（KARANOKI Design Room）
原版編輯　peakone有限公司

國家圖書館出版品預行編目 (CIP) 資料

圖解行為心理學 : 一看就懂的超強識人術! 心理學家助你破解肢體語言與口頭禪的祕密, 從交友、戀愛到職場都更受歡迎 / 澀谷昌三著 ; 林雯譯. -- 二版. -- 臺北市 : 漫遊者文化事業股份有限公司, 2023.04
224 面 ; 14.8×21 公分
譯自 : 面白いほどよくわかる! 見ため. 口ぐせの心理学
ISBN 978-986-489-776-6(平裝)
1.CST: 行為心理學 2.CST: 肢體語言
176.8　　112003958